产品差异化策略下
食品行业质量标准与监管的
经济效应分析

成　酪◎著

四川大学出版社
SICHUAN UNIVERSITY PRESS

图书在版编目（CIP）数据

产品差异化策略下食品行业质量标准与监管的经济效应分析 / 成酩著. — 成都：四川大学出版社，2022.7
ISBN 978-7-5690-5539-9

Ⅰ. ①产… Ⅱ. ①成… Ⅲ. ①食品工业－质量标准－监督管理－经济效果－经济分析－中国 Ⅳ. ① F426.82

中国版本图书馆 CIP 数据核字（2022）第 110598 号

书　　名：产品差异化策略下食品行业质量标准与监管的经济效应分析
　　　　　Chanpin Chayihua Celue xia Shipin Hangye Zhiliang Biaozhun yu Jianguan de Jingji Xiaoying Fenxi
著　　者：成　酩

选题策划：蒋姗姗
责任编辑：蒋姗姗
责任校对：王　锋
装帧设计：墨创文化
责任印制：王　炜

出版发行：四川大学出版社有限责任公司
　　　　　地址：成都市一环路南一段 24 号（610065）
　　　　　电话：（028）85408311（发行部）、85400276（总编室）
　　　　　电子邮箱：scupress@vip.163.com
　　　　　网址：https://press.scu.edu.cn
印前制作：四川胜翔数码印务设计有限公司
印刷装订：四川五洲彩印有限责任公司

成品尺寸：148 mm×210 mm
印　　张：5.625
字　　数：162 千字

版　　次：2022 年 11 月 第 1 版
印　　次：2022 年 11 月 第 1 次印刷
定　　价：48.00 元

四川大学出版社
微信公众号

前　言

　　进一步建设与完善各行业质量标准体系是推动我国经济高质量发展和满足人民群众对美好生活向往的重要举措。尤其在食品行业，质量标准体系的建设涉及人民群众的健康安全、生活质量、民生就业和经济发展等方面，社会影响较大，是一个比较复杂的系统性工程。如何通过标准体系建设实现保障人民群众健康安全、提高人民生活水平和行业高质量发展的有机结合，就需要我们对其有效性和科学性进行精准评估。

　　通常，食品质量标准体系的设置需要从伦理道德、技术水平、经济民生以及国家战略等多方面进行综合考虑，各学科都可以从本学科视角出发提供某个特定角度的参考。在这个过程中，经济学界也从消费者剩余和社会福利等方面对质量标准的设置与监管展开探讨。其中，有一系列问题在现有文献中引起较多关注，即在保障人民群众健康安全的前提下，质量标准的设置对产品性价比存在何种影响？厂商在提高产品质量后是否会提高产品价格？又如何提高产品价格？厂商是否有可能将提高产品质量的成本更多转嫁给消费者承担？什么情况下厂商转嫁的行为可以受到一定制约，以使得消费者在获得更高质量产品的同时还可以获得更高的产品性价比？尤其是，在产业升级的背景下，一些食品企业已经在品质、品牌、口味等方面与竞争对手拉开了差距，形成了特有的差异化定位，获取了一定的市场势力，可能更有能力制定更高的产品价格。

　　食品产业具有规模庞大、生产链条较长的特征。从农产品原料到中间品加工再到最终产品的生产之间存在多个生产环节，每个生产环节的质量控制都会影响最终的产品质量。因此，在质量标准体系建设的实践中，对于具体规制的设计往往面临各种不同方案的选择与权衡。如果要求最后送达消费者的最终产品达到"商业无菌"的状态，那么是否有必要要求原料或中间品生产的每个环节都达到"商业无菌"的状态？这既涉及技术工艺上的考虑，也涉及经济效益的考虑。如果对前端生产环节的原料或中间品的含菌量不做任何要求，则意味着为保证最终产品实现"商业无菌"状态需要将全部杀菌工作以及质控成本都集中到最终产品的生产环节，这在技术工艺和经济效益上都是不现实的。那么，如果对前端生产环节的原料或中间品也做出质量要求，不同环节的质量要求应该分别设置到什么程度？在保证最终产品严格达标的前提下，前端和后端各生产环节各自承担的质控工作量和成本的相对比例应该如何分配？我们需要在建立质量标准体系的过程中寻得最优方案。

　　从乳制品这一具体行业来看，生产从奶畜挤出尚未得到任何成分改变的常乳为生乳生产环节，而将生乳作为原料投入加工厂制成人民群众最终消费的乳品为成品乳生产环节。生乳生产环节的杀菌对全环节的杀菌处理有着显著影响，低含菌量的生乳原料可以大量减少成品乳环节杀菌的工作量；而成品乳的杀菌环节则是决定最终面向消费者的乳品含菌量的最后一关，生乳杀菌环节未能处理的微生物可以通过成品乳杀菌环节的杀菌得以消灭。我国乳品质量标准体系对这两个生产环节都制定了具体的质量标准。GB19301系列标准针对生乳环节的质量，但不针对成品乳环节的质量；而GB19645、GB25190、GB19302等系列标准则分别针对巴氏奶、常温奶和酸奶等最终直接面向消费者的成品乳生产环节的质量。对于成品乳生产环节制定更严格的质量标准可以保障消费者食用的最终产品的质量，然而如果仅对成品乳生产环节提高质量标准，就意味着提高质量的生产成本完全由该环节承担。如果对不同的生产环节都提高质量标准，则意味着各个环节都将承担质量提高的生产成本。如果不同生产环节提高质量标准的相对程度不同，则各环节所承担的提高质量的新增成本也可能不同。

这里值得经济学界思考的问题在于：在保障消费者面对的最终产品质量的基础上，对不同环节施加更严格的质量标准，是否对消费者所直接面对的最终产品的性价比存在不同影响？在市场竞争中，生产成本有可能影响厂商的定价策略。那么，由于不同环节的质量控制对应的成本结构不同，在不同环节提高质量将如何影响厂商定价策略？是否会因厂商将提高质量的成本转嫁给消费者的能力不同，从而使得消费者面对的产品性价比不同？尤其是，如果厂商可以通过产品差异化定位缓解竞争压力，是否还存在某种成本结构可以制约厂商转嫁成本的能力，从而使我们在该成本结构所对应的生产环节提高质量标准仍然可以保证消费者获得满意的产品性价比呢？

本书关于产品差异化下质量标准经济效应的理论分析或许可以为上述问题提供一些参考。本书研究发现，当厂商提高质量的成本对应固定成本增加时，亦即在提高质量需要增加先期一次性固定投资的情况下，厂商在价格竞争阶段不需要考虑沉没成本。因此影响其价格竞争程度的只有产品同质化程度而没有成本上升的因素。于是在这种情况下，由于厂商的质量竞争是策略替代的，制定更高的质量标准就导致产品之间质量收敛，差异性减少，同质性加强，价格战就更加激烈。而厂商激烈的价格竞争可以使消费者面对性价比更高的产品，因此受益。并且最终从社会整体经济福利看，消费者因产品性价比提升而带来的社会收益超过了全社会为提高产品质量而增加的生产成本，全社会的总体经济效益将得到改进。

而当产品质量的提高涉及变动成本或边际成本增加时，厂商的产品定价必须考虑边际成本提高的因素，必须使价格可以覆盖新增的边际成本。并且在博弈的过程中，理性的厂商会推断对手也必须考虑边际成本的因素，因此产品价格不仅反映自己边际成本的提高，同时也会反映对手提高的边际成本。这样就使得质量提高后厂商新制定的价格就同时包含了自己和对手提高的边际成本。价格必须覆盖边际成本就使得厂商在博弈中可以将因为质量提高而新增的成本转嫁给消费者承担。消费者所支付的产品价格里实际上就包含了因产品质量提高而新增的成本。在这种情况下，厂商有可能更多将提高质量的成本转嫁给消费者，影响产品质量提高后的性价比。

具体而言，加工厂在成品乳的生产环节相比牧场或散户养殖的生乳生产环节往往具有更高的机械化、自动化水平，该环节提高产品质量更多依靠技术和设备升级，在生产成本上更多体现为先期投资的固定成本增加；而生乳生产环节的机械化、自动化水平相对较低，尤其是散户养殖的生产环境中，更多依靠人力手工保证产品质量，要提高新增一单位的生乳质量需要再一次的重复劳动，该环节产品质量的提高更多体现为变动成本或边际成本的增加。由此，在乳品标准体系的设置中，我们或许可以考虑让提高质量的成本更多由成品乳生产环节承担，这不仅可以确保最终产品的质量，还有利于实现让消费者更满意的产品性价比。当然，具体生产实践也要考虑不同生产环节提高质量的技术工艺等因素。本书仅从经济性的角度提供参考，最终规制的制定需要参考各学科从多个角度展开的综合评估。

另外一个值得关注的问题在于，对质量标准采取何种监管方式可以实现社会最优。对于食品卫生、有害物含量等涉及人民群众健康安全的质量维度，需要以强制性标准监管守住食品安全的底线。而对于食品口感、形态等不涉及人民群众健康安全的质量维度，如果市场信息是完全的，消费者可以通过准确识别不同产品的质量水平，自由选择适合自身需求的产品类别，是否就不需要质量标准的监管？如果需要，是否可以考虑更多可选的监管方式？这也是本书将会讨论的重要课题。

如果市场信息不完全，又该如何监管？需要注意的是，随着食品行业技术发展和产品形态多元化，当前市场上的食品类产品的质量维度日趋复杂，缺乏专业知识的普通消费者对某些维度的食品质量难以准确识别，无法区分高质量产品和低质量产品。这就使得市场上更容易存在低质量产品对高质量产品搭便车的现象，制约了食品企业提升产品质量的意愿。因此，不完全信息导致市场机制的局限性被放大，市场自发形成的均衡质量水平更有可能低于社会最优的质量水平。当考虑到食品市场可能存在更明显的信息不完全特征时，政府是否应更多地对食品行业实施强制性标准监管，以此弥补市场缺陷？

事实上，更复杂的产品生产链和信息不对称的行业特征对食品质量标准的监管提出了更高的要求。本书研究发现：当产品的质量信息不完全、消费者难以识别产品质量水平时，不达标的低质量产品搭便车的现象会更多地导致市场失效。所以，即便对于不涉及人民群众健康安全的质量维度，监管者在更多情况下也需要实施强制性标准监管，保证市场只生产达到高标准的高质量产品。

食品行业规模庞大、产业链条较长且具有较明显的信息不对称等特征，如何在食品行业制定和完善质量标准体系以及如何实施最优监管，值得各界进行深入研究。在我国经济向高质量发展转型的背景下，食品质量标准体系的完善和监管是推动我国产业高质量发展、保障人民健康安全和提升人民生活水平的重要措施。如何将上述目标有机结合，实现社会综合效益最大化，则是经济学界需要深入探讨的重要课题。本书尝试围绕该问题展开系列讨论，为这一课题的研究提供些许参考。

感谢西南石油大学青年教师"过学术关"资助项目（201899010025）的资助，使笔者能顺利完成该书的撰写和出版。由于笔者水平和时间有限，书中难免有疏漏之处，望相关领域学者和广大读者予以批评指正。

成酩

2022 年 6 月于成都

目　录

1 导言

1.1 选题背景及研究目的

民以食为天，食品质量问题历来受到社会各界的关注，食品行业质量标准是国家制定政策规制的重要议题，也是经济学研究的重要领域。尤其在当前我国经济正由高速增长阶段转向高质量发展阶段的背景下，进一步建设与完善食品行业的质量标准体系更是推动行业高质量发展和满足人民群众对美好生活向往的重要举措。2021年10月，中共中央、国务院印发了《国家标准化发展纲要》，文件提到"加快构建推动高质量发展的标准体系"，引领我国经济的高质量发展。2022年6月，中国轻工业联合会召开《2021年度中国食品工业创新发展报告》发布会，会上强调要大力推进食品安全国家标准、行业标准的立项和制修订工作，以高质量标准引领行业高水平发展。

可见，进一步建设与完善食品行业的质量标准体系已成为当前时代背景下的重要工作。该项工作具有重大的时代意义，同时也具有一定挑战性，其主要体现为食品行业规模庞大、产业链条和生产环节繁杂，食品质量标准对产业链和民生经济牵涉广泛、影响显著。因此，食品质量标准体系的建设是一个复杂的系统性工程，我们需要对其有效性和科学性进行精准评估，统筹规划标准体系的建设，在复杂的食品生产链条中找到最有效的发力点，实现保障人民群众健康安全、提高人民生活质量和行业高质量发展的有机结合。

因此，食品质量标准体系的建设需要有关学科发挥各自所长，进行综合性的研究。对经济学界而言，学者有必要思考如下问题：在按质量标准推进食品质量水平整体提升的同时，如何让人民群众在保障健康安全的前提下还可以进一步获得满意的产品性价比？食品生产者面对更严格的质量标准是否有能力将提高产品质量的成本转嫁给消费者承担？尤其需要思考的是，在产业升级的背景下，一些食品生产者已经在品质、品牌、口味等方面与竞争对手拉开了一定差距，形成了特有的差异化定位，获取了一定的市场势力，可能会向更高质量的产品索取更高的溢价。那么在产品差异化竞争的策略下，食品生产者是否更有能力将提高产品质量的成本转嫁给消费者承担，使得消费者因为面临更高的产品价格所获得的产品性价比下降？质量标准体系的建设如何能够在提升产品质量、保障人民群众健康安全的同时让人民群众获得满意的产品性价比，以实现社会综合效益的整体提升？

本书研究发现，上述系列问题与质量控制所对应的成本结构相关。本书将结合质量控制的成本结构在第3章对该系列问题展开讨论，探索质量标准体系的建设如何能够在提升产品质量、保障人民群众健康安全以及让人民群众获得满意的产品性价比等方面做到更有效的结合，以实现社会综合效益的整体提升。

关于食品质量标准需要关注的另外一个问题在于，对于不同的具体领域设置的质量标准采取具体监管方式可以实现社会最优。在监管实践中，存在强制性标准监管或推荐性标准监管等不同的质量标准监管方式，对于食品卫生、有害物含量等涉及人民群众健康安全的质量维度，非常有必要采取强制性标准监管以守住食品安全的底线。另外，对于食品口感、形态等不涉及人民群众健康安全的质量维度，如果市场信息是完全的，消费者可以通过准确识别不同产品的质量水平，自由选择适合自己需求的产品，是否就不需要质量标准的监管？如果仍然需要，那么在强制性标准监管或推荐性标准监管等不同的监管方式之间，我们应该如何结合具体情况选择监管方式以实现社会最优？本书将在第 4 章对上述问题展开讨论。

本书将结合市场信息不完全的因素对该问题展开深入探讨。随着生产技术的发展，食品行业生产过程日趋复杂，产品涉及的质量维度更加多元，缺乏专业知识的普通消费者在更多质量维度上难以准确识别不同产品的质量差异。那么，在市场存在信息不完全的问题时，各种情况下的最优监管方式又有何不同呢？本书将在第 5 章对该问题展开讨论。

1.2　主要研究内容及意义

本书首先结合质量标准研究的最新趋势，在产品差异化市场中分别考察不同成本结构下提高质量标准的经济效应，探索在保证产品质量的基础上如何使更严格的质量标准具有更佳的经济性。学界现有关于最低质量标准的研究主要基于产品垂直差异化竞争的框架，而现实市场中厂商通常在垂直度和水平度上同时进行产品差异化生产。因此，本书致力于结合现实情况提供一个更加综合的框架，即同时引入产品垂直差异化和水平差异化的设定，分析提高食品质量标准的经济效应。

本书对经典水平差异化模型 Hotelling 模型引入质量的垂直差异这一变量，以此捕捉产品差异化竞争市场中厂商同时进行垂直差异化和水平差异化的特点。通过研究消费者对产品质量的支付意愿以及厂商在产品质量和价格选择的博弈过程，首先解得没有政府规制时的市场均衡质量。随后本书引入政府监管，对市场设置更严格的产品最低质量标准，并考察将最低质量标准有所提高后厂商利润、消费者剩余以及社会整体福利的变化，以此分析质量标准的综合效益。

本书研究发现，当企业通过技术升级、更新设备等增加先期投资的方式提高产品质量时，即使厂商通过产品差异化获取更强的议价力，在市场竞争机制下厂商也缺乏向消费者转嫁质量成本的能力。因此，提高质量标准并不会导致产品因为高质高价而削弱性价比，反而使得消费者由于产品的质量效应超过价格效应而获得性价比更高的产品，从而实现消费者福利及社会总福利的同时增加。

本书探讨对食品行业质量标准的最优监管策略时，发现即便在信息完全、人民群众可以准确识别产品质量的情况下仍有必要对食品行业进行监管，以此弥补市场自身的局限性。此外，本书结合食品市场的特征，进一步纳入了对信息不完全的考量。本书研究发现，当产品的质量信息不完全、消费者难以识别产品质量水平时，低质量产品搭便车的现象会更多地导致市场失灵。因此，政府对于存在较明显信息不对称问题的市场更多时候需要强制性标准监管。

本书的研究结果对于食品质量标准的制定及监管具有一定的参考意义。从食品质量监管的发展趋势来看，当前我国正在进一步推广 HACCP[①] 体系的应用，对从原料采购、产品加工到消费各个环节进行分析和评估，以确定食品质量控制的关键环节，在此基础上建立起能有效监测关键控制点的程序。本书的理论研究与我国食品安全规制的趋势逐渐走向注重事前控制、着力推广HACCP 管理体系建设的背景一致。在寻找能实现有效监管、保障食品质量的关键点的基础上，本书从设置质量标准的角度进一步探索最优的食品质量控制环节，以实现产品质量提升、保障人民群众健康安全以及提高人民群众经济生活水平的相应结合。

1.3 逻辑结构及研究思路

本书从政府规制的经济效应的角度出发，对上述问题的研究

---

① Hazard Analysis Critical Control Point，即"危害分析的关键控制点"。国家标准 GB/T15091—1994《食品工业基本术语》对 HACCP 的定义为：生产（加工）安全食品的一种控制手段；对原料、关键生产工序及影响产品安全的人为因素进行分析，确定加工过程中的关键环节，建立、完善监控程序和监控标准，采取规范的纠正措施。国际标准 CAC/RCP－1《食品卫生通则》（1997）对 HACCP 的定义为：鉴别、评价和控制对食品安全至关重要的危害的一种体系。

脉络进行总结，与食品质量标准的问题进行对应，给出一个既符合食品质量标准监管实践，又与现有学术界研究脉络相一致的分析框架。在这样的基础上，笔者对食品质量标准问题进行深入的研究，并给出政策建议。

本书写作结构安排如下：

第 2 章是文献综述。本书探讨的是食品行业质量标准这一政府规制的经济效应，因此笔者首先回顾了规制经济学的相关研究思想以及"成本－收益"这一分析范式的相关研究内容。然后笔者介绍了当前文献中关于政策规制评估的一些实证研究。最后笔者回顾了当前文献关于质量标准的经济效应的研究。

第 3 章从产品差异化和成本结构的角度来分析质量标准的经济效应。这一章笔者引入产品垂直差异化和水平差异化的设定，分别研究了固定成本和变动成本下市场的规制效应。研究结果表明，在固定成本下，严格的质量标准可以使产品的质量效应超过产品的价格效应，消费者不仅可以获得更高质量的产品，而且可以获得满意的产品性价比，最终社会整体福利也可得以提升。

第 4 章研究了食品质量标准的监管方式对社会经济效益的影响。这里笔者考察了在生产高质量产品所需成本不同的各种情况下，对质量标准不同监管方式的社会福利效应。

第 5 章引入了信息不完全的因素。笔者发现在信息不完全的市场里，由于低质量产品搭便车问题的存在，更多的情况需要强制性标准监管使得市场达到最优。

第 6 章为全书总结。笔者概述了本书的主要结论并给出了食品质量标准制定及监管方面的政策建议。

1.4 研究方法

本书结合现实抓住所要研究的主要问题，然后采用经济学研究范式对此问题进行探讨。本书通过对消费者选择、厂商决策使用数理工具建立模型来捕捉厂商决定产品质量水平的内在机理，以此构建一个市场均衡环境。本书将食品的质量程度进行量化引入，以此对应食品质量标准的严格程度。在这一基础上，本书通过数理模型量化地分析质量标准的严格程度对厂商利润、消费者剩余以及社会福利的具体影响。

产业组织理论、博弈论将是本书分析过程中着重使用的经济理论和分析工具。本书结合产业组织理论中水平差异化和垂直差异化理论来考察食品的质量水平与市场决策的关系。博弈论的应用很好地捕捉了竞争市场中厂商如何在考虑竞争对手产品质量和价格的前提下决定自己产品的质量和价格。这就使本书的模型能够更加真实地模拟市场运行机制，找出决定市场产品质量水平的关键因素。

本书使用比较静态分析法来评估食品质量标准的政策效果。比较静态分析法可以对不同参数下的两个市场均衡所达到的福利水平进行定性比较。由此就可以通过比较提高质量标准前后的市场福利水平，来评估严格的质量标准是否一定有利于社会福利的改进。

1.5　研究价值及创新点

1.5.1　关于质量标准制定研究的创新

现有关于最低质量标准制定的研究主要基于产品垂直化竞争的框架，而本书设定了一个更为全面的框架，同时引入产品垂直差异化和水平差异化的设定来进行考察。

另外，本书考虑了提高产品质量所对应的不同成本结构，进一步分别研究了对涉及固定成本的环节和涉及变动成本的环节提高质量标准的不同政策效果。

本书的研究结果表明，当提高质量标准所对应的生产环节需要企业在生产前更新设备增加先期投资时，严格的质量标准可以使产品的质量效应超过产品的价格效应，消费者不仅可以获得更高质量的产品，而且可以获得满意的产品性价比，最终社会整体福利也得以提升。这一理论与当前食品安全规制的趋势逐渐走向注重事前控制、着力推广 HACCP 管理体系建设的背景一致，为确定食品生产全程中质量控制的关键环节提供了新的思路。

1.5.2　关于质量标准监管研究的创新

　　本书不仅探讨了最低质量标准设置的最优水平，还进一步探讨了最低质量标准的最优监管方式。现有关于最低质量标准监管的研究主要是针对当前我国食品安全分段监管的局面探讨如何协调监管部门以实现更有效力的监管。而本书则探讨了在不同信息环境以及不同生产成本下采取何种质量标准的监管方式才能保证社会福利达到最优。

　　本书研究发现，一方面，即使市场信息是完全的，对产品质量标准的监管也有必要，并且某些情况下推荐性标准监管可以达到社会最优。另一方面，在不完全信息的市场中，由于低质量产品搭便车的行为大大削弱了市场提供高质量产品的动机，政府应该在更多情况下采取强制性标准监管，以此弥补市场缺陷。

2 文献综述

2.1 食品安全规制的经济学分析

　　食品安全规制作为一项政策规制，其规制制定涉及道德伦理、社会观念、技术水平、经济结构和国家战略等多个方面，需要多个学科从不同角度对其进行综合分析。其中，经济学界从规制经济性的角度提供了一个特定视角的参考。经济学家通常结合规制给社会福利所带来的收益和成本两个方面来衡量规制的经济性。在这一基础上，国内外有一大批文献对于政府规制以及食品安全规制的经济性以及衡量经济性的方法论进行了深入的探讨。

2.1.1　经济学角度的规制评估——成本收益分析

20 世纪 60 年代，包括政府和学者都渐渐同意即使市场存在缺陷，也并不意味着就一定有一个政策规制必然可以解决这个缺陷。因此，政府所应确定的某项政策规制只是在所有可选项中相对而言能最大可能解决市场失灵问题的那个选项（Demsetz，1969）。Demsetz 指出，为确定这个最佳的选项，需要用成本－收益分析的方法来评估政策规制的价值，最终选择使净收益最大化的那一个。由此，Demsetz 开创了用成本收益分析来评估政策规制的实际价值的先河。

关于政策规制的成本及收益的内涵，经济学家给出了明确的定义。Arrow K 等（1996）指出，对于涉及环境、健康、安全的规制，其带来的社会收益当然就是更清洁的生活环境或者更安全的食品带给我们的价值。同样，成本也有一个类似的定义，可以认定规制带来的社会成本就是社会在贯彻执行这些规制后，提高的生产成本导致价格上涨而使消费者由此而蒙受的福利损失。这种通过计算社会收益减去社会成本所得到的社会净收益，就是经济效率，是被大多数经济学家所接受并用于评判政府在环境、健康等领域政策规制效果的标准。

Arrow 还指出了确定政策最优程度的一个原则在于确定一个社会最优的规制水平，使这项规制所带来的边际收益等于边际成本。尽管在实际操作中，真正要做到没有偏误地衡量边际收益和边际成本比较困难，但也不阻碍这一思想的原则性指导地位。另外，由于社会对于公平和程序公正也很看重，这些方面的因素也都需要加入政策评估的分析过程中。

Antle（1999）进一步指出，在如食品市场这一类由厂商责任和产品声誉起关键作用的市场，更需要考虑在市场失灵的问题出现时如何去评估一个最佳的备选政策。他强调，即使对于一个政策所导致的收益和成本都各自明确了，现实情况中这个政策的成本还很大程度上和政策规制的具体设计方案相关，拙劣的规制设计本身又可能导致高昂的执行成本，因此成本收益分析必须是一个全面系统性的评估方案。

2.1.2　食品安全规制的经济学分析

食品加工行业在西方国家占据重要地位，以美国为例，整个食品加工业总产值已达一千亿美元，占整个制造业所创造价值规模的十分之一。因此，政府对于食品行业所实施的政策规制对美国经济和国民收入、就业与生活有着相当大的影响。另外，食品行业本身具有很多有特色的问题，比如产品差异化竞争、信息不完全性、政府执法偏差、中央与地方责权划分、激励相容的机制设计等，都是经济学理论可以施以应用分析的领域。这使得经济学家们对于食品安全相关政策规制的成本收益分析产生了相当的兴趣。

Henson 和 Caswell（1999）认为食品安全规制是指政府或非政府的食品安全规制部门利用各种法律法规，对从事食品生产、销售和配送的企业所进行的一切监督管理行为。他们指出，针对食品安全规制评估的原则包括科学性原则和经济性原则。科学性原则是指分析食品规制与食品安全风险的关系，而经济性原则就是分析食品安全规制给社会带来的成本和收益。Caswell（1998）从成本收益的角度提出了考察企业食品安全行动效益的计算公式。

关于食品安全规制的收益，Antle（2000）指出食品安全规制使得消费者减少了因食品安全问题而生病或死亡的风险，由此得到规制的社会收益。Caswell（1998）则认为食品安全的收益根据具体对象而有所区别，消费者的收益是减少因食品不安全而导致的疾病或死亡；而生产者的收益是产品更高的质量、商家更好的声誉和国际竞争力。另外，Traill（2010）认为食品安全规制的收益可以分为私人收益和公共收益两个层面，政府所获得的收益就是公共收益。尽管实际中很难区别两种收益，常常混为一谈。

关于食品安全规制的成本，Traill（2010）认为可以从厂商成本和政府成本两个层面来评估。厂商的成本即达到标准生产产品所要付出的成本，主要源自食品生产厂商因商品检验、质量监控、标签及认证和重新调整生产工艺等方面的新要求而增加的成本。并且厂商可以将这部分成本转嫁给消费者，因此厂商成本是由生产商和消费者共同分担，但在成本－收益分析框架中很难确定各自承担了多少。政府成本即规制的制度性成本，包括政策制定成本和行政管理成本，即政府前期的调研、中期的政策制定、执行中的安全检测与食品安全监管以及后期对违规厂商进行惩罚等各个环节所发生的成本。Caswell（1998）则认为厂商成本包括企业生产达标产品以及满足合作伙伴和消费者需要所支出的成本。

　　MacDonald 和 Crutchfield（1996）、Van Ravenswaay 和 Hoehn（1996），Antle（1999a）、Antle（2001）、Valeeva 等（2004）、Lawson 等（2007）以及 Ragna 和 Mazzocchi（2008）等则相继对成本－收益分析的具体方法和工具进行了详细的阐述，指出了当时流行的分析技术可能存在的问题以及有待改进的方向。Klein（1997）指出监管者进行现场监管的行为会降低生产效率，比如美国食品安全检验局（FSIS）的监察员为了自己的监察方便会要求厂商减缓生产过程的运行速度。他再次指明了一个现实，即虽然目前的研究大量地集中在计算食品安全事故可能造成的人们健康疾病给全社会带来的经济成本，但也有大量的文献研究了消费者对于食品安全程度的支付意愿，不过当前研究存在一个非常大的缺陷，那就是欠缺食品安全生产过程中所出台的系列规章制度本身对经济效率所造成的影响的相关的深入研究。Hahn（1998）指出随着联邦政府在环境、健康和安全领域的管制的高增长，政策规制的直接费用成本越来越高。但是相对于这些直接的费用成本，从经济影响来看，那些政策规制在执行中所导致的社会成本却很少受到人们的关注。他指出，在这样的情况下，联邦政府的政策制定必须有严格的成本－收益分析论证。Antle（2000）从理论和实证两方面检测了食品安全规制对于生产效率到底是否外生的问题。他使用生产商层面的数据发现，对于变动成本的肉类产业等来说，食品安全规制所导致的成本超过了美国农业部计算的其所带来的收益。Antle 指出，事实上食品安全规制所带来的相当大一部分成本是由规制引起的新增运营管理所导致的生产效率损失。Antle 指出很重要的一点是，对于一个典型的食品加工厂而言，90％的生产成本都是变动成本，而相应的食品安全规制往往是针对生产过程中的改进，涉及的就是提高变动成本。因此，可以预见食品安全的政策规制可能会给食品产业带来高昂的政策成本。Antle 的贡献在于将食品安全规制所导致的成本进行了分类考察，如分别考察了大企业和小企业，也分别考察了牛肉、猪肉、家禽等不同的食品类别。他发现，对于生产家禽的加工行业来说，食品安全规制对于小企业的变动成本的影响的确是略微高于大企业的，但是这种差距也只有每磅 1 美分。所以，由于加强质量控制的成本和额外新增的变动成本只是在小企业中会显著一些，对于其他企业来说其实没什么区别。Antle 发现加工过程占比最大的牛肉生产具有最高的变动成本，而猪肉和家禽的变动成本较低，这可能是由于其原料和成品之间变化不大的关系。因此，在牛肉产业中加强质量控制会很显著地增加成本，加强质量控制使得成本提高的负效应超过了生产改进的正效应。而在变动成本较低的家禽行业中加强质量控制不会使成本增加太多，这是因为生产改进的正效应超过了成本提高的负效应。Antle 对于食品规制成本的计算还考虑到了不同的食品安全初始态。他指出，当食品安全初始水平为 90% 的安全度时，FSIS 的新规制所增加的社会成本为 5.3 亿美元；而当食品安全初始水平为 50% 的安全度时，新规制所导致的社会成本为 48 亿美元。如果将社会成本分摊到每一单位肉品上，则当食品安全初始水平为 90% 时，每磅肉承担 0.4 美分的规制成本；而当食品安全初始水平为 50% 时，每磅肉所承担的规制成本将达到 17 美分。从总体食品安全程度来说，每磅肉所承担的规制成本介于 1 美分到 9 美分之间，而相应的每磅肉价格则介于 0.6 美元到 1.15 美元之间。

2.1.3 食品安全规制的现实政策评估

关于食品安全规制成本收益的具体估算，学者也做了一系列的实证分析。1993 年美国爆发大肠杆菌感染事件后，美国食品安全检验局（FSIS）对牛肉行业的安全生产实行了一种零容忍的政策。学者针对这一时期的零容忍政策做出实证研究，以评估政策实际带来的社会收益和社会成本。

学者通常定义食品安全规制的社会收益为其减少的安全事故危害。大肠杆菌感染事件爆发后，Roberts（1994）用美国农业科技委员会的发病报告计算了在牛肉、猪肉和禽类肉制品中因沙门氏菌和大肠杆菌所导致的事故，计算出美国平均每年食品病菌引致的疾病导致的成本，这个损失额度包括医疗费用等直接成本，也包括劳动人员生病导致的生产率降低的间接成本。经计算，这些社会损失中每年因大肠杆菌导致 2.1 亿~5.8 亿美元的损失，因为沙门氏菌导致的损失为 11.1 亿~15.8 亿美元。而仅从牛肉这一食品类别来看，其因大肠杆菌而导致的病发成本为 1.1 亿~3.0 亿美元，因沙门氏菌而导致的病发成本为 0.6 亿~0.8 亿美元，两项加总即牛肉类食品因病菌导致的病发成本总额，为 1.7 亿~3.8 亿美元。

对于食品安全规制所导致的社会成本，学者们也做了一系列详尽的测算。这一时期的零容忍的政策要求食品生产商在将动物尸体送往清洗程序之前要除去尸体表面所有的脏物，因此在政策的实际执行中，检查员往往要求那些看起来表现不大好的生产线

减缓其运行的速度。这个严厉规则就导致食品生产商不仅要在新
的净化过程中损失大量的有形材料，也因为工作速度被强行降低
而面临生产效率的损失。Feuz（1995）计算出平均每头牛会因为
零容忍政策的表面清理程序而导致 7.5 磅损失，这就导致了相当
于近 20 美元的额外成本。如果把每头牛的额外成本加总起来，
就可以计算出在 1993 年到 1995 年间因零容忍政策的表面清理程
序导致的额外社会总成本为 6.8 亿美元。Klein（1997）使用了
超越对数形式的成本函数，利用牛肉加工厂的面板数据对规制导
致的成本进行了估计。他发现从 1993 年开始实行上述严格食品
安全规制后，肉类生产的行业成本上升了 7.33%。如果分摊到
每头牛的屠宰上，则平均增加了 68 美元的成本。那么，如果把
1993 年到 1995 年间屠宰的肉牛成本加总，就可以计算出仅仅从
生产层面看，每年因零容忍政策而增加的社会成本高达近 24 亿
美元。另外，除了生产层面，还需要考虑到因为额外表面清理而
导致的肉量总数的损失。Klein 指出，即使假设一种极端情况，
即零容忍政策可以完全消除致病细菌（尽管现实中很难证明这一
点），可能支持这一政策的人也对其产生的社会福利改进过于乐
观。这样看来，这一政策的执行对全社会整体福利而言是得不偿
失的。这样，将 Klein 计算的 24 亿美元的新增生产成本加上
Feuz 计算出来的 6.8 亿美元的肉类清理损失，就可以计算出零
容忍政策所导致的年均社会新增总成本大约为 30 亿美元。

　　对比学者们计算出的牛肉加工行业零容忍政策的成本和收益
数据，可以看到每年全社会因零容忍政策而承受的社会成本高达
30 亿美元，远远超出执行这一政策而带来的 3.8 亿美元的社会
收益。当然，Klein 也提醒，或许计算社会收益的时候还要考虑
到因此严格法规而提升的消费者信心，消费者信心提升当然可以

抵消因大肠杆菌感染事件而导致的需求萎缩。

2.1.4　食品安全规制的国内研究

国内学者针对食品安全监管政策展开了一系列研究。李想（2011）针对食品安全的信任品特征，通过引入质量缺陷在重复购买前可能被曝光这一因素，研究了食品安全型信任品的质量信号显示问题。他指出，当高端消费群体所占比例较大时，即使消费者信心大幅提升也不会改善质量显示效果。因此，对于"增强外部监管"与"重塑消费者信心"的舆论建议，需要根据实际情况准确分析。王彩霞（2011）对乳品行业质量监管进行了实证分析，发现初次发生食品安全事件时，公众对政府治理效果具有良好预期，消费者对违规企业的信任能迅速恢复，因此必须避免食品安全事件的频繁发生。龚强和陈丰（2012）从理论上分析了一个由下游销售者和上游农场组成的垂直供应链结构，考察了可追溯性的提高如何改善供应链中食品安全水平及对上下游企业利润的影响。研究表明，增强供应链中任一环节的可追溯性，不但能够促进该环节的企业提高其产品安全水平，还可以促使供应链上其他环节的企业提供更加安全的产品。此时，销售者能够从供应链可追溯性的提高中获益，然而农场和整个供应链的利润会有所降低。周应恒等人（2004）根据对南京市超市消费者进行的分层抽样调查数据，采用描述性统计和项目交叉分析方法，在把握我国消费者食品安全认知状况，测度消费者对食品安全的购买意愿的基础上，验证了强化食品安全信息可以提高消费者的购买意

愿。张永建（2005）指出当前完善我国食品安全制度的关键是要
建立食品安全法律体系，统一协调、权责明晰的监管体系，食品
安全应急处理体系，完整统一的食品安全标准和检验检测体系，
食品安全风险评估评价体系，食品安全信用体系，食品安全信息
监测、通报、发布的网络体系，食品安全教育宣传体系，中介及
研究单位的食品安全推动体系九大体系，促进食品安全水平的全
面提高。倪国华等人（2014）构建了一个包括企业、消费者、监
管者、上级督察部门以及媒体五方利益主体的制度体系模型，并
对模型的均衡条件进行求解。求解结果表明，降低媒体监管的交
易成本不仅会降低消费者投诉的概率，还会降低监管者与企业合
谋的概率，并会激励监管者及企业更加努力。如果上级督察部门
仅根据媒体曝光情况来确定督察的概率，则会导致食品安全监管
体系出现逻辑悖论，而降低媒体监管的交易成本会提高食品安全
监管效率。李静（2009）从成本－收益的角度对生产者和监管者
进行分析，建议政府在监管制度方面应该进行更符合实际需求的
安排。

2.2　最低质量标准的规制评估

Henson 和 Caswell（1999）指出政府从食品安全的角度对
市场所采取的监管措施中，干预程度最高的就是设置最低质量标
准，只有达到质量标准的厂商才被许可进入市场。因此，从成
本－收益的角度来评估最低质量标准的影响一直是学术界高度关

注的一个问题。

现有文献关于最低质量标准的研究焦点主要在于质量标准引入市场后是怎样影响竞争市场效率以及解决市场信息不对称的。关于最低质量标准怎样影响竞争市场经济效率的问题，主流研究基本都是着眼于一个寡头竞争的市场。学者比较关注这个市场中制定一个更高的质量标准可以怎样改变厂商的博弈行为，进一步地，厂商博弈行为的改变又怎样导致消费者利益的变化。最终结合厂商利润的变动，学者可以判断出整体经济效率怎样因为质量标准的变动而随之改变，以及提高最低质量标准到底能否改进经济效率。本书基于这样的框架，考察了在一个双寡头的竞争市场中，提高最低质量标准如何影响经济效率。

2.2.1 竞争市场中的最低质量标准

关于市场竞争的环境中质量标准的研究主要基于 Gabszewicz 和 Thisse（1979）以及 Shaked 和 Sutton（1982）的框架——厂商为缓和激烈的价格竞争，会在产品质量上拉开差距，各自定位于对质量支付意愿不同的群体从而获得市场力量，攫取更多消费者剩余。在这一框架下，有学者支持更严格的质量标准，认为提高质量标准可以使消费者买到更加物美价廉的产品（Ronnen，1991）。

Ronnen（1991）首先提到了现存观点的一些问题，指出既有观点认为由于在制定最低质量标准之前购买标准以下质量水平的消费者们在标准制定后不会改变他们的购买选择，最低质量标准的设置就使他们买不到之前本来可以买到的产品，因此这部分消费者福利水平降低了，同时继续存在于市场的产品由于竞争对手的减少，价格会上涨，以致最低质量标准对社会福利的作用有待商榷。但是Ronnen指出，如果生产成本为固定成本，那么最低质量标准的提高事实上是有利于消费者的。他说明了其中的原因在于质量的制定和价格竞争之间存在微妙的关系，也就是当厂商产品质量的相对差距缩小的时候，价格竞争将会加剧。具体地说，当政府提高最低质量标准的时候，低质量厂商提高质量的行为使其产品质量水平更加接近高质量厂商的产品质量水平。此时如果高质量厂商不进一步提高产品的质量，则价格竞争被加剧了，厂商收入也就会随之减少。所以高质量厂商要尽量避免这样的状况出现，它就必须要进一步提高质量以维持和低质量厂商之间的产品差异化定位。但是最低质量标准的提高最终还是让高质量产品和低质量产品之间的质量差距缩小，最终导致的结果就是市场上产品质量提高的同时质量特征价格降低了。对消费者而言，产品性价比提高，因此来到市场上购买产品的消费者增加了而不是减少了，消费者整体福利也提高了。Ronnen强调了他所研究发现的这个结果之所以跟既有的一些想法相左，一个关键的原因在于他所考虑的市场环境是不一样的。他的模型中首先厂商进行的是双寡头价格竞争，而既有研究所考虑的厂商要么只是价格接受者，如Leland（1979）就是将潜在进入市场的厂商的产品质量当作外生给定的，这种设定下厂商就只需要选择是否进入市场而不能再进一步决定自己产品的价格和质量；要么就是一个垄断者，如Besank（1988）所考虑的一个垄断厂商提供两种质量不同的产品，但是垄断者模型就无法捕捉到最低质量标准加剧价格竞争的效应。除此之外，Ronnen考虑的是固定成本的市场，这个成本环境的设定也很重要，他指出如果质量提高导致边际变动成本上升，则结果有可能不一样。另外，在 Ronnen 之前，学者们考虑的也就是最低质量标准提高市场产品整体质量水平以及解决信息不对称造成的外部性问题等。Ronnen 则指出即使不考虑信息不对称的问题，最低质量标准也同样是可以用于增进社会福利的。他在文中强调了因为低质量产品存在而导致的两种效率损失：一是信息不对称导致边际消费者的支付意愿和市场平均支付意愿之间存在差异，从而产生市场逆向选择，最终因供给不足而造成效率损失；二是产品在质量上的差异化可以使厂商缓和价格竞争，提高产品的质量特征价格，使消费者面对更低的产品性价比，最终因消费者剩余降低而导致效率损失。在第二种情况下，提高最低质量标准就可以通过一边提高产品质量一边缩减产品差异化程度使消费者受益，从而改进社会福利。Ronnen 也指出了在固定成本市场中提高质量标准可以使低质量厂商获益，而使高质量厂商的利益受损。这是因为提高质量标准使低质量厂商获得了策略优势，而高质量厂商因价格竞争加剧而受损。这个结论也是和既有研究不同的，Leland 的文章中是低质量厂商因被最低质量标准逐出市场而利润受损，同时高质量厂商因竞争对手减少、产品价格上涨而获益。

Besanko（1988）将对最低质量标准的效果分析应用到垄断市场中。他首先分析了垄断厂商倾向于通过提供高低两种质量的产品来实行二级价格歧视，这种价格有利于厂商维持高额的垄断利润，但是导致了市场效率的损失。最低质量标准的设置就可以减弱垄断者的价格歧视程度，从而改善社会福利。

但是学术界有不同的声音指出最低质量标准在某些情况下可能会对社会效率有损。有学者发现严格的质量标准也可能会损害消费者利益，如在某些条件下严格的质量标准可能反而使厂商更多地提高价格，降低产品性价比，从而有损消费者利益（Crampes 和 Hollander，1995；Valletti，2000；Kuhn，2006；Chen 和 Serfes，2011）。因为最低质量标准在信息对称的环境下改进社会福利的逻辑在于可以减小产品差异化程度，导致更激烈的价格竞争，从而让消费者获利。但是如果最低质量标准不一定导致更激烈的价格竞争，又或者如果最低质量标准提高厂商的产品质量后，因厂商成本增加而导致产品价格上涨的幅度大于消费者因质量提高而带来的增量福利改进，则最低质量标准是可能有损社会效率的。这一负面情况的产生基于几种可能，比如厂商将成本转嫁到消费者头上，监管者自身在监管过程中不可避免的一些偏差，等等。

Crampes 和 Hollander（1995）则从不同的成本结构市场中厂商转嫁成本来考虑这一问题。他们针对 Ronnen 的结果，指出其一个值得商榷的假设是厂商的生产成本是固定成本，也就是说提高质量并不会增加厂商的边际成本。然而，他们也指出在实际生产中，很多情况下制造业中不管是在包装还是在杀菌等工序上提高质量将会很大程度上影响厂商生产的变动成本，也就是提高生产每一单位产品的边际成本。所以提高质量不仅仅是提高消费者的支付意愿从而使需求曲线上移，同时它也会导致边际成本函数改变从而使供给曲线上移。在这种情况下，提高质量标准对消费者利益的影响如何就值得进一步地分析。Crampes 进一步分析发现，如果考虑变动成本的情况，那么消费者既有可能因为提高质量标准而获益，也有可能因为提高质量标准而受损。具体地，需要看高质量厂商针对竞争对手的质量提高做出多大程度的反应。他指出，提高质量标准对高质量厂商不利，却有利于低质量厂商，这一点与 Ronnen 分析的固定成本的情况刚好相反。他总结道，如果高质量厂商针对低质量厂商质量提高的反应较温和，也就是自己只轻微提高质量，那么产品差异化程度并未扩大，甚至进一步缩小，这样价格竞争进一步加剧就有利于消费者；但是如果高质量厂商针对低质量厂商质量提高的反应较大，即大幅提高自己产品的质量，那么产品差异化程度就进一步拉大，价格竞争就进一步地缓和，这就导致市场上产品的性价比降低，消费者福利受损。特别是消费者群体中对产品质量的支付意愿本来就不强烈的那部分群体，他们的利益受损会导致整个消费者剩余降低。最终可以看到，这一部分消费者群体的福利水平降低，加上低质量厂商的利润水平降低，就拖累了整个社会福利，导致提高质量标准反而有损社会效率的可能。

Kuhn（2006）则考虑整个社会中消费者的构成。他指出，在一些市场中，生产高质量产品的厂商不一定是这个市场的领袖，但是它会针对某一个范围比较狭窄的小众消费群体索取较高的质量溢价。他提到，有一些消费者关注与质量无关的独立效用更甚于关注质量提高带来的额外效用，现实中有很多情形都类似于消费者仅仅对独立效用部分更感兴趣。他指出，虽然某些产品质量不合格可能导致严重危害的行业中消费者对质量高低程度的关注远胜于对消费这个产品本身的关注，如医疗行业能力水平不高的医生将给病人身体健康带来极大的危害风险，然而更多的情况是消费者对质量有一些改变根本就不那么关心，对质量的支付意愿并不高，比如环保要求，也可以说是消费者对未来环境的受益感知经过贴现到当期并不算重要。因此，在这些环境中都可以视为消费者看重消费产品本身所获得的独立效用，即相对于因质量提高而获得的额外效用，消费产品本身所获得的独立效用更高。那么在这些环境中，一个严格的质量标准是不利于消费者福利和社会整体效率的。

通常对于最低质量标准的经济学分析往往基于一个假设，那就是生产企业必然遵守既定的质量标准，在假设所有厂商都将产品质量提高到标准水平或水平之上的基础上来进行分析。Chen（2012）指出，这个假设看起来似乎还比较合理，然而在涉及服务内容或者牵涉人工因素的一些质量评估时，由于很难去监测及评估服务质量的水平，监管者对于服务质量水平的观测存在误差，就很难有效准确地对服务质量进行观测和评估。在这样的一些情况下，基于完全观测评估情况中的厂商完全遵守最低质量标准的假设就难以成立了。与传统分析不同，在 Chen 的模型中，质量是不能被完美观测的，监管者对质量的观测与评估存在误差，因此不达标企业只是有一定的概率被处罚，这就使得企业在风险收益与成本之间进行权衡，可以选择制定低于最低标准的质量水平。他指出，在这种情况下，被抓到的厂商受到的处罚大小与其质量距离标准水平的大小正相关，于是对于一个理性厂商而言，即使监管者提高了质量标准，他也可以仅仅是将质量提高到一个最优水平，但并不是达到标准的水平。这样，由于低质量厂商选择不达标，那么高质量厂商的产品质量水平距离标准就更近。由于监管者的观测评估存在偏误，仅仅略高于质量标准还是存在较大的概率被误判，因此距离标准较近的高质量厂商提高质量所节省的边际误判风险成本就高于提高质量所需要投入的边际技术性成本，这些高质量厂商更有动力将质量水平提高到更高的程度，直到最优质量水平。这样的一个过程就扩大了市场中不同质量水平的产品垂直差异，导致厂商更强的市场势力，提高了产品的质量特征价格，那么提高产品最低质量标准就反而降低了消费者福利。Chen 的文章从质量评估误差的角度说明了信息不对称的情况下政府规制可能失灵的原因。

其他学者则考虑厂商数量、竞争形式、政商博弈等因素，分别在不同的具体市场环境中考察了最低质量标准的影响，也指出了严格的质量标准损害消费者福利或社会总福利的可能。（Constantatos 和 Perrakis，1998；Lutz 等，2000；Valletti，2000；Jinji 和 Toshimitsu，2004；Marette，2007）

Constantatos 和 Perrakis（1998）从厂商选择进入市场的时机来考察最低质量标准对社会福利的影响。他们指出，当厂商可以在进入市场之后再决定质量的时候，这个情况就确保了经典双寡头产品差异化的分析框架可行，那么既有文献里关于提高最低质量标准进而缩小产品差异化程度的结果就继续可行。但是当厂商必须在进入市场之前决定质量时，为了能够维持双寡头竞争的局面，低质量厂商存活于市场就必须提高质量以接近高质量厂商的水平，这自然就减小了产品差异化程度，加剧了价格竞争，有利于消费者剩余和社会福利。如果此时政府不顾市场自发形成的结果而再人为添加一个最低质量标准，不仅是多余的，而且有可能因引致市场垄断而有损于社会福利。

Valletti（2000）则考虑了产量竞争下最低质量标准的影响。他指出，既有文献几乎都是基于 Ronnen 的框架，即厂商在最后一个阶段的博弈中采取的是价格竞争，因此现有结论都是针对价格竞争这样一个特定的博弈设定所得出的，然而这些结论放在产量竞争的环境下是否仍然成立就有待进一步探讨了。因此，Valliti 考察了厂商在最后一个阶段的博弈中进行产量竞争的情况，发现在这种情况下提高最低质量标准会有损社会福利。因此，既有文献中所有支持提高质量标准可以改进社会福利的观点都不可以随便进行推广。在政策分析之前，首先要分辨所针对的市场环境或者行业特点到底是价格竞争的环境还是产量竞争的环境。他指出，在一个行业里，如果厂商将制订产能计划仅仅放在卖出产品的目标之上，那么这样的行业可以近似地当作产量竞争的市场。他举例子说明，比如国际能源市场、汽车制造以及交通运输行业都可以被认定是产量竞争的市场。而相反的情况，像其他那种不怎么受产能制约的市场就可以被认为是价格竞争的市场，也只有在这样的市场中既有的 Ronnen 框架下的分析才能够见效。因此，如果一个市场中厂商决策很大程度上都要受到产能约束的影响，而最低质量标准又恰恰是针对他们的产能，那么考虑产量竞争的设定就非常有必要。比如，厂商需要建造非常昂贵的工厂或者购买昂贵的交通工具等，而质量的提高又对这些工厂设施或交通工具有要求，就需要考虑产量竞争来进行分析。

Lutz（2000）针对既有研究中政府设置的标准水平是外生的设定提出了质疑，他指出政府可能犯错，有可能被厂商诱导制定一个偏低的质量标准。他指出，既有文献分析的情况都是政府作为规则的主导者，首先制定质量标准，然后厂商根据政府的标准再选择高于标准的质量。但现实中厂商可以预期政府的政策。从自身利益出发，厂商将会诱使政府错误地制定导致效率损失的标准水平，实际上就成了厂商先于政府制定标准，主导整个标准制定的过程。他构建的模型中，厂商可以预期政府未来的行动，并为了减小政府未来政策对自己的负面影响，厂商会先发提高质量以影响政府决策。当厂商策略性地投资一个可以将产品质量超出预期的政府规定水平的固定成本时，占优势的厂商就可以诱导政府制定一个比较低水平的最低质量标准。经 Lutz 计算，这样的过程下所形成的标准水平可以提高厂商的利润，但是会给社会福利带来损失。Lutz 指出，从现实中看，这个逻辑就说明了国会迟缓推出的政策标准很难做到不受利益集团的影响，这些政策有利于厂商利润，但最终可能有损于社会整体福利。

Jinji 和 Toshimitsu（2004）指出，既有研究中，厂商选择的产品质量差异化定位都是外生的，有必要考虑厂商因为提高质量的不同技术成本而内生形成的质量差异。因此，他们通过假设厂商的不同成本函数而将 Ronnen 等人的理论做出了稳健性的推广检测。Scarpar（1998）引入了一个中间水平质量的厂商，做了一个三厂商模型的分析，将既有文献中双寡头竞争的框架扩展到三寡头并存，并得到了和双寡头框架下分析最低质量标准效果不同的一些结果。他指出，在双寡头的市场中，对于任何一家厂商而言，最低质量标准不能保证其增加利润，但是在三寡头的市场中，如果最低质量标准的反竞争效应导致最低质量的厂商难以维持，则存在于市场中的某些厂商会因为提高标准而获益。但是在三寡头的市场中，由于竞争过于激烈，提高质量标准或导致质量最高的那家厂商会因恶性竞争而损失利润，最终厂商利润的急剧损失会导致社会整体福利都受到损害。他提到，在这个新的市场环境中，最低质量标准所导致的市场效应之所以有这些负面作用，主要是由于当最低质量水平的厂商提高质量时，其余厂商将面临一个矛盾：如果不提高质量，则似乎成了质量最差的一个；如果提高质量，则又与顶端厂商太接近。不管它们做何决定，价格战将更加激烈，而生产高质量产品的动力将会下降。最后，如果最低质量的厂商没有被淘汰出市场，就会造成一个恶劣的局面：顶级产品质量下降，所有厂商利润下降，社会福利水平下降。因此，在一个不完全竞争市场中，公共干预有可能不见成效。他指出，这一结论值得引发政策制定者思考在竞争过于激烈的行业中是否应该谨慎设置最低质量标准。

Marette（2007）则分析了消费者所获信息的差异对于市场结构的影响，亦即在不同的消费者信息环境下，设置最低质量标准可能导致不同的市场结构，从而质量标准的影响也不一样。他指出，在完全信息下，最低质量标准是可以支持一个竞争性的市场环境的，因为消费者可以分得清每个产品的质量区别，因此厂商所获得的支付意愿足以覆盖生产相应质量的成本。他进而考虑了不同的竞争形式，做了稳定性检验。他发现：在价格竞争的环境下，最低质量标准可以纠正市场对质量投资不足的缺陷；而在产量竞争的环境下，最低质量标准也可以在厂商提高质量的成本比较高昂的情况下纠正市场对质量投入不足的缺陷。然而在提高质量的成本较低的时候，由于市场自发形成的均衡下厂商会对质量进行过度投资，也就是说，厂商自己所设定的质量水平超过了社会的最优水平，因此设置最低质量标准是无法改进社会福利的。他指出，在消费者对产品质量只有不完全信息的市场环境中，无论在价格竞争还是产量竞争的框架内，最低质量标准都是可以改进社会福利的，尽管在一些比较个别而极端的环境内最低质量标准有可能引致垄断。而垄断的情形下，厂商可以保证产品所获得的支付意愿足以覆盖其生产成本。然而当提高质量的成本极其高昂时，最低质量标准也难以改进社会福利。

既有文献关于最低质量标准的研究几乎都是基于产品垂直差异化的框架，在这个框架下面厂商不论是在价格竞争还是产量竞争之前，首先是在垂直化的产品质量上展开定位竞争，争取对质量在垂直程度上具有不同支付意愿的消费群体。而这一领域中在最近一个时代就要考虑在垂直的质量差异之外，厂商同时对产品本身如品牌等方面进行水平差异化，因此出现的势头是开始使用水平差异化模型来分析厂商质量竞争的状况和最低质量标准的作用。厂商通常为了避免激烈的价格竞争，会在垂直和水平两个方面对产品进行差异化定位，质量上拉开差距为垂直差异化，而外表制作或者是品牌宣传等方面进行差异化定位就是水平差异化。两种差异化手段可以减缓激烈的竞争，保证厂商在寡头市场里获得一定的市场势力，索取较高的产品溢价。水平差异化的作用是可以将同质量水平的产品之间的可替代性减弱。产品之间更加难以替代，同质化的竞争就减弱，价格战的动力降低。这样，因为厂商不需要过多地考虑在价格上进行激烈厮杀，相对于未进行水平差异化的厂商来讲，其就可更方便地提高产品价格，把新增的质量成本移交给消费者来承担。鉴于此，在垂直差异化的框架之外，引入水平差异化框架来分析市场产品的质量竞争行为就非常重要了，值得这个领域的学者做出更加深入的研究。

在这个方向上，Garella（2003）是开先河者，他第一个引入了水平差异化的框架来分析最低质量标准的影响。Garella 仍然是基于双寡头模型两阶段博弈：第一阶段确定质量，第二阶段确定价格或产量。进一步地，他考虑了两种不同的市场信息环境，即消费者面临产品质量具备完全信息和不完全信息的两种情况。在两种情况下，政府制定某种水平的最低质量标准，厂商再据此分别设定自己产品的质量。Garella 考虑了三种最低质量标准水平：第一种是高于两种市场质量水平，第二种是正好介于市场两种质量水平之间，第三种则是低于市场两种质量的标准水平。他指出，这第三种质量标准水平看似多余，因为其不影响既有的两种市场产品。他的分析结果表明引入水平差异化的设定后，果然最低质量标准的效果不如单纯垂直差异化市场中的效果。他发现设在介于市场两种质量水平之间的最低质量标准并不会让厂商都提高质量，高质量的厂商在这时候反而会选择降低质量水平。结果是在某些条件下市场平均质量水平降低。并且他提到更糟糕的是，消费者在这种市场环境下并不因为最低质量标准而继续受益，对于设置标准以前就购买高质量产品的消费者而言，反而会在标准设置后因为产品质量降低而福利受损，甚至最后所有消费者的福利都因为设置最低质量标准而降低。Garella指出，导致这一局面的原因在于，引入产品水平差异化后，厂商的质量竞争将不再是策略互补，而变成策略替代了，也就是如果一方提高质量，另一方将选择降低质量。所以一个对低质量厂商能起促进作用的最低质量标准反而会导致高质量厂商降低其原有的产品质量水平。进一步地，Garella又分析了信息不完全的市场中最低质量标准的影响。在这样的市场中，消费者可以通过政府设置的质量标准来感知产品的真实质量水平。他提到，由于在信息不对称的情况下，消费者对于产品质量是有偏误的，尤其对于一个新的市场进入者，消费者在不熟悉其产品的条件下对其质量的认定更是具有较大的偏差。因此他认为，尽管这时候政府设置一个低于市场最低质量的标准似乎表面上对厂商没有区别，却可以改变消费者对市场质量的预期。他提到，由于消费者相信厂商质量再低也不会低于政府的强制性要求，这就明显提高了消费者的质量期望水平。他指出，不管新进入者选择何种质量，这种情况下消费者对市场产品质量的预期都会高于没有质量标准的时候，由于厂商策略的替代性，最终的均衡会使低质量厂商的质量上升而高质量厂商的质量下降。最后 Garell 还考虑了没有新进入者的市场，在消费者信息不完全而厂商成本不对称的情况下，这时候设置看似对厂商多余的最低质量标准就可以提高市场上所有的产品质量。因此，在一个信息不对称的市场中，设置最低质量标准是比较合理的。

Hansen（2006）则在 Garella 的框架下做了扩展，使用产品横向差异化的双寡头模型框架来研究质量标准所导致的贸易壁垒。他的模型中有两个贸易国，每个国家有一个生产商，并且都在各自国内拥有竞争优势。他发现相对市场规模的大小对于两个生产商的质量选择起着决定性作用，如果两家厂商在生产产品和提高质量上的成本相同，则会在市场规模更大的那个国家出现高质量厂商。这与既有文献不同，因为既有文献中厂商选择高质量要么是出于先发优势，要么是出于成本优势，而这里将分析扩展到国际范畴后，发现一国的市场规模大小可以决定厂商的质量选择。他指出，在这里，经济一体化可以降低贸易成本，而贸易成本的降低可以使市场交易活动更多超出一国之外，一国内部市场规模的影响就不如以前那么大，所以经济一体化就又可以让大国的生产商降低质量而小国的生产商提高质量。所以贸易成本的降低就使提高质量的小国改善福利，而降低质量的大国降低了福利。随后他进一步考察在这样的市场环境下设置最低质量标准对两国的影响。他发现，在这一市场中，小国会将质量提到达标，如果消费者对于水平差异化的产品表现出较强的水平偏好，那么最低质量标准会使小国厂商提高产品质量，同时使大国厂商降低产品质量，最终市场产品的平均质量水平会降低，但是对于社会福利的影响要进一步分情况来分析。因此，在国际贸易环境下设置最低质量标准和促进经济一体化的效果是相同的，对于政策制定者来说，这两个政策是可以互相代替的。

2.2.2 信息不对称市场中的最低质量标准

在研究信息不对称情况下最低质量标准的文献中，最早的是 Leland（1979）。Leland 回顾了 Akerlof（1970）有关柠檬市场的逻辑，亦即信息不对称市场下的逆向选择所导致的市场失效问题。他指出，虽然有一些信息不对称的问题可以通过消费者的重复购买或者标签产品来明确信息，但很多场景下要消灭信息不对称却可能导致极高的社会成本，以至于消除信息不对称后的社会福利比信息不对称的时候更低。因此，他认为有必要考虑一些更加低成本的手段来解决市场失效。他指出，其中一种方式就是加强对供给者的责任追溯，但这一方式的缺陷在于它只适用于可以在消费后即刻判定损害的情况。而在另外很多情况下，一些损害可能会在相当漫长的时间里才能进行确认，即使危害发生后也很难认定肇事者到底是哪个环节，这样就很难对责任进行追溯。随后提到了另外一种方式，就是进行甄别，比如政府制定进入许可或最低质量标准。而这类工具可能的负面作用就是形成了对市场自由进入的壁垒，也有可能因此而导致市场效率损失。因此，Leland 认为很有必要在信息不对称的市场里对最低质量标准的福利效应进行研究。他使用柠檬市场的分析框架研究发现，信息不对称的市场中，政府设置最低质量标准可以增进社会福利。具体地说，在机会成本随着供给产品质量提高而递减的情况下，最低质量标准总是可以改进社会福利；而在机会成本随着供给产品质量提高而递增的情况下，如果需求方对价格不够敏感而对平均质量更为敏感，提高质量的成本不算太高，并且对最低质量的产品仅有极低的支付意愿时，最低质量标准的设置同样可以增进社会福利。

Shapiro（1983）则是从厂商声誉的角度来评估信息不对称市场中最低质量标准的作用，指出最低质量标准可以加强高质量厂商的声誉，提高其产品质量的溢价，但社会最优的最低质量标准水平有可能使原本购买低质量产品的消费者购买不到符合自己意愿的产品。

2.3　本书对现有文献的突破

从以往的文献来看，关于最低质量标准的研究主要基于产品垂直差异化竞争的框架，然而一个新的趋势是考虑厂商对产品本身实行水平差异化定位的因素。这是因为现实中企业往往会在产品设计或品牌定位等方面生产具有差异化的产品来缓和市场竞争以获得更高利润。产品差异化使产品替代性降低，价格竞争相对缓和，与没有差异化的市场相比，厂商转嫁成本的能力更强，因此对产品差异化市场中最低质量标准的作用就有必要做进一步的研究。

另外，以往通常把食品生产过程当作一个整体的步骤进行研究，在这种设定下，提高某件产品质量的成本或者为固定成本，或者为变动成本。然而现实中产品的质量控制涉及原料、生产、运输等不同的环节，不同环节的成本控制对应着不同的成本结构。因此，对于质量标准的政策效力分析需要着眼于质量控制的具体环节进行规制。

本书的创新点在于同时引入产品垂直差异化和水平差异化的设定来考察与现实更加符合的市场，并且通过分析食品生产全过程的不同质控环节，进一步分别研究了对涉及固定成本的环节和涉及变动成本的环节提高质量标准的不同政策效果。这样的研究创新不仅更切合现实，也与当前关于质量标准最新的研究趋势相一致。

由于考察了更加全面的因素，本书对质量标准规制的政策评估也做出了新的贡献。我们发现，当提高质量标准需要企业在生产前更新设备、增加先期投资时，严格的质量标准可以使产品的质量效应超过产品的价格效应，从而使消费者不仅可以获得更高质量的产品，而且还可以获得满意的产品性价比，最终社会整体福利也可得以提升。

结合当前食品安全监管的发展趋势来看，我们的理论研究与当前食品安全规制的趋势逐渐走向注重事前控制、着力推广HACCP管理体系建设的背景一致。在寻找能实现有效监管的关键点的基础上，本书从设置质量标准的角度进一步探索关键点设置的经济性，分析生产链中不同环节的质量控制对消费者和社会福利的经济影响，为 HACCP 的具体实施提供新的思路。

进一步，本书还探讨了不同情况下监管者可选的质量标准监管方式，发现在生产高质量标准产品的成本不同的情况下，不同的质量标准监管方式可以实现的社会福利水平不同。因此从社会福利的角度出发，监管者在不同情况下可以考虑不同的最优监管方式。另外，本书进一步引入对市场信息不完全的考虑，发现当市场存在信息不完全的问题时，监管者应该在更多情况下采取强制性标准监管，以弥补由于低质量产品搭便车导致的社会福利损失。

3 产品差异化下的食品安全最低质量标准

3.1 引言

为推动我国经济向高质量发展转型以及更好地满足人民群众对美好生活的向往，相关部门对食品行业质量标准体系不断进行完善，以推动食品行业整体质量的不断提升。由于食品质量标准体系所涉及的产业规模庞大、链条繁杂，相关部门会在某个特定阶段结合具体情况分批出台或修订食品产业特定细分领域的质量标准。在这一过程中，我们需要思考：结合某个特定阶段的具体特征，我们优先考虑对哪些细分领域或食品生产环节制定或修订质量标准。对该问题的回答涉及道德伦理、社会观念、技术水平、经济结构和国家战略等多方面，需要各学科从多个角度展开探讨，综合考虑各种社会因素以求得最优解。经济学界从标准制定的经济效应这一角度为政策制定提供参考。当然，这并不意味着质量标准的制定只需要考虑经济性而忽视社会综合角度的考虑。

关于产品质量标准的经济效应，传统观点更多关注设置更严格的质量标准是否会加重生产力发展程度相对欠缺的地区或行业的经济负担，从而影响地方或行业生产力和 GDP 等一系列传统经济指标。然而，单纯从这一角度考虑规制的经济效应是片面的。需要指出的是，新时代下我国社会主要矛盾已经从人民日益增长的物质文化需要同落后的社会生产之间的矛盾转化为人民日益增长的美好生活需要和不平衡不充分的发展之间的矛盾。人民群众的生活质量是否得以提高应该成为经济学界在规制分析中更多考虑的因素。具体到产品质量标准的经济分析中，如何在保障人民群众健康安全的前提下，使人民群众通过消费质量和性价比都得以提升的产品，获取更高的消费者剩余？该问题可以作为当前规制分析的重要着眼点。

在经济学中，消费者剩余是指消费者消费一定数量的某种商品愿意支付的最高价格与这些商品的实际市场价格之间的差额。举一个简单的例子：不同的消费者由于偏好不同而对同样的面包具有不同的支付意愿，如果面包的实际市场价格为 6 元，而有的消费者觉得这个面包值 10 元，则该消费者消费这一单位面包所能获得的消费者剩余为 4 元，这是他对面包愿意支付的最高价格和面包实际市场价格的差额。如果面包的品质提升，该消费者感觉更高质量的面包值 15 元，而提高质量后的面包实际市场价格涨到 9 元，则此时该消费者消费一单位面包所获得的消费者剩余从 4 元变成 6 元。这种情况下，面包品质的提升使消费者不仅获得了更高质量的产品，还获得了更高的消费者剩余，消费者会感觉高质量面包的性价比更高了。但如果面包的品质提升到消费者认为值 15 元的水平，价格却涨到了 12 元，则此时虽然消费者可以获得更高质量的面包，但是消费者剩余却降到了 3 元，消费者会感觉高质量面包的性价比反而降低了。可见，由于消费者对产品的支付意愿与产品质量相关，如果产品性价比提高，则意味着消费者能够以相对较低的价格购买到相对较高质量的产品，从而提升消费者剩余。相反，如果产品性价比降低，则意味着消费相对产品质量提高的程度要支付更高的价格，导致消费者剩余降低。

因此，在经济学界关于质量标准的现有研究文献中，存在如下一系列值得我们思考的问题：在更严格的质量标准强制要求产品质量提高后，产品价格会如何变动？厂商提高价格的程度取决于什么因素？对于消费者而言，产品质量提高的效应能否超过产品价格提高的效应，使得消费者面对的产品不仅质量提升，而且性价比也可以得到提升，最终使消费者剩余和社会整体经济福利都得以提升？

事实上，产品质量提高后所对应的价格提高可能存在两个效应的加总。一个效应是质量溢价，所谓"一分价格一分货"，消费者通常能够接受为更高质量的产品支付更高的溢价；另一个效应是某些厂商由于获得一定的市场势力从而可以将提高质量的成本更多加入产品价格中，实际上将这一部分成本一定程度上转嫁给消费者承担，这部分价格的提高并非来自消费者基于支付意愿的认可，而更多来自厂商在市场中获取一定的垄断力或更强的议价权。因此，前述问题的关键在于：厂商是否有能力将提高质量的成本转嫁给消费者，使得消费者面对产品的价格效应抵消质量效应，产品性价比降低的状况？由此，我们有必要研究厂商的定价策略，以判断其是否具有或多大程度具有将成本转嫁给消费者的能力。当前，我国食品产业加速升级，已经有一些食品企业在品牌、品质、品位等方面与竞争对手拉开了差距，形成了自己特有的差异化定位，削弱了市场竞争，获取了更强的市场议价力。那么在产品差异化竞争的市场中，厂商是否更容易将成本转嫁给消费者？这些问题值得我们更多关注和探讨。

由于食品产业所涉领域庞大、分工复杂，在推动质量标准体系的建设中，我们需要针对特定阶段食品产业不同细分领域的具体特征来分析上述问题，以探索如何设置质量标准可以在保证产品质量和人民群众健康安全的前提下，进一步提高消费者所获产品的性价比，进一步提高人民群众的生活质量，更充分地满足人民群众对美好生活的向往。

本章研究发现，产品差异化市场中厂商对消费者转嫁成本的能力与其提高质量所对应的成本结构有关。当提高质量主要引起变动成本增加时，厂商在差异化竞争中具有较强的对消费者转嫁成本的能力；而当提高质量主要引起固定成本增加时，厂商在差异化竞争中比较缺乏对消费者转嫁成本的能力，这种情况下制定更加严格的质量标准可以提高消费者剩余，并且能提高社会整体的经济福利。

本章的研究结论或许可以为当前食品质量的监管在多个方面提供一定的理论参考。食品质量标准体系庞大繁杂，相关部门应结合特定时期的具体特征分批制定和修改质量标准，与时俱进地完善食品质量标准体系。而在特定时期优先选择在哪些细分领域或生产环节提高质量标准则需要各学科从多个角度综合考虑。在保障食品质量和人民群众健康安全的基础上，经济学界可以进一步从消费者获得的产品性价比等经济角度为该问题提供参考。结合时代特征和具体国情，如果考虑在产品质量提升更多依靠技术升级、设备更新等先期固定投资增加的领域率先提高最低质量标准，可以进一步提高产品的性价比，从而提高人民群众的生活质量。这也意味着，随着我国各行业产业升级的加速推进，在食品行业机械化、自动化、智能化程度日益提升的新时代，我们具备更有利的条件在更多的食品细分领域设置严格的质量标准，或在更多细分领域对现行的质量标准进行修订，将标准的严格程度进一步提高。与此同时，坚持推进我国食品产业升级，加快行业的规模化、机械化、自动化也可以与提高食品质量标准实现有机联动，进一步发挥提高标准给消费者带来的经济效益，对提升人民群众的生活水平形成放大效应。此外，本章的研究结论对当前我国正在推进的 HACCP 食品质量管理体系或许也具有一定的参考意义。在寻找能实现有效监管的关键点的基础上，本章从设置质量标准的角度进一步探索对生产链不同环节加强质量控制的经济效应，为 HACCP 体系的具体设计提供一个新的视角。

3.2 相关文献

学术界对最低质量标准的研究主要关注其如何解决市场信息不对称以及如何影响消费者福利两个方面。其中，对于质量标准影响消费者福利的考察主要着眼于竞争市场中，提高最低质量标准如何影响厂商的竞争策略，从而如何影响消费者福利或者社会总福利。本书即考察在竞争市场中，提高质量标准对消费者及社会福利的影响。

关于市场竞争的环境中质量标准的研究主要基于 Gabszewicz 和 Thisse（1979）、Shaked 和 Sutton（1982）的框架：厂商为缓和激烈的价格竞争，会在产品质量上拉开差距，各自定位于对质量支付意愿不同的群体从而获得市场势力，攫取更多消费者剩余。在这一框架下，有学者支持更严格的质量标准，认为提高质量标准可以使消费者买到更加物美价廉的产品（Ronnen，1991）。另外，有学者发现严格的质量标准也可能会损害消费者利益。如在某些条件下严格的质量标准可能反而使厂商更多地提高价格，降低产品的性价比，从而有损消费者利益（Crampes 和 Hollander，1995；Valletti，2000；Kuhn，2006；Chen 和 Serfes，2011）。

Ronnen（1991）认为严格的质量标准可以改进消费者福利的原因在于，当厂商生产成本为固定成本时，设置一个严格的质量标准可以通过缩小厂商间的质量差距削弱厂商的市场势力，加剧价格竞争，使消费者因得到性价比更高的产品而受益。Ronnen 的文章虽然考虑到了厂商的价格竞争，其研究却是基于固定成本、双头竞争、价格竞争、质量检测绝对精准无误等一系列假设。其他学者考虑到更具体的市场环境，指出即使市场中存在厂商竞争，严格的质量标准也有损害消费者福利的可能。

而认为严格的质量标准有可能损害消费者福利的观点在于，提高产品质量标准的同时并不一定导致更激烈的价格竞争，如果厂商因提高质量而涨价带给消费者的成本超过产品质量提高带来的收益，则消费者将因标准提高而承受福利损失。对于消费者因产品价格上涨造成的损失超过因质量提高带来的收益，学术界主要从成本转嫁、社会消费结构、执法者观测误差等方面进行解释。如 Crampes 和 Hollander（1995）指出，质量标准对产品的规定很多体现在对于包装、厚度、易燃性等方面材料的要求，使得质量标准更多影响到企业的变动成本。他们发现，当考虑变动成本的情况时，厂商因成本增加而提价的幅度有可能抵消掉因竞争加剧而降价的幅度，以致降低了产品的性价比从而损害消费者的利益，并且消费者的损失加上厂商的成本负担最终还可能导致社会总福利降低。Kuhn（2006）则考虑社会消费结构，他将消费者从产品获得的效用分为基本收益和品质收益两部分。从社会消费结构的角度指出如果消费者更加看重产品的基本属性而对品质的支付意愿较低时，政府强制性提高产品质量带给消费者的收益无法弥补产品价格的提高，因此消费者利益受损。Chen 和 Serfes（2011）则考虑到执法者对产品质量的观测存在误差，高质量厂商有动机与低质量厂商进一步拉开质量差距，从而获得更多市场势力，减缓价格竞争，导致消费者因高质量产品的性价比降低而蒙受福利损失。其他学者则考虑厂商数量、竞争形式、政商博弈等因素，分别在不同的具体市场环境中考察了最低质量标准的影响，也指出了严格的质量标准损害消费者福利或社会总福利的可能（Constantatos 和 Perrakis，1998；Lutz 等，2000；Valletti，2000；Jinji 和 Toshimitsu，2004；Marette，2007）。

从竞争市场中最低质量标准研究的最新趋势来看，对于市场环境的考察开始引入产品差异化特征（Garella，2003，2006，2007）。现有文献大多只考虑到竞争的厂商在质量上拉开差距以缓和价格竞争，却没有考虑厂商对产品本身实行差异化定位的因素。现实中企业则往往会在产品设计或品牌定位等方面生产具有差异化的产品来缓和市场竞争以获得更高利润（Hotelling，1929；D'Aspremont 等，1979；Neven，1985；张剑虎和李长英，2010；龚强和张懿，2011）。产品差异化使产品替代性降低，价格竞争相对缓和，与没有差异化的市场相比，厂商转嫁成本的能力可能更强，因此，就有必要对产品差异化市场中最低质量标准的作用做进一步的研究。目前研究产品差异化市场中最低质量标准的文献很少，Garella（2003，2006，2007）分别使用Hotelling模型和Dixit－Spence－Bowley模型对最低质量标准的影响进行了研究，但是他只考虑了固定成本的情况。本章进一步考察产品差异化市场中不同成本结构的情况，发现变动成本行业中实行产品差异化的厂商拥有更强的转嫁成本的能力。

在研究质量标准对企业决策的作用时，现有文献把质量控制的全过程当作一个整体，在这种设定下，提高某件产品质量的成本或者为固定成本（Ronnen，1991），或者为变动成本（Crampes和Hollander，1995）。然而现实中产品的质量控制涉及原料、生产、运输等不同的环节，不同环节的成本控制对应着不同的成本结构。因此，对于质量标准的政策效力分析需要具体区分是对质量控制的哪一环节进行规制。本书的一大贡献就在于分别考察针对不同环节的产品形态提高质量标准的效果，提供更全面的理论框架来分析最低质量标准的经济影响。

关于最低质量标准的研究，还有学者从长期的视角来分析最低质量标准的影响，如考虑多期博弈时厂商的合谋和长期中厂商的创新动机（Häckner，1994；Giulio和Lambertini，1997；Maxwell，1997）。另一些学者则关注最低质量标准在国际经济与贸易中的影响（Motta和Thisse，1993；Boom，1995；Hansen和Nielsen，2006；Baliamoune－Lutz和Lutz，2010；Lutz和Baliamoune－Lutz，2003）。此外，有学者从解决信息不对称问题的角度来研究最低质量标准的作用（Leland，1979；Shapiro，1983；Garella，2007）。

本章结合质量标准研究的最新趋势，在产品差异化市场中分别考察所涉及的成本结构不同的情况下提高质量标准的影响。我们发现，当提高质量标准需要企业在生产前更新设备、增加先期投资时，严格的质量标准会降低高质量厂商利润，增加低质量厂商利润，同时会改进消费者福利及社会总福利。这一理论与当前食品安全规制的趋势逐渐走向注重事前控制、着力推广 HACCP 管理体系建设的背景一致，为确定食品生产全程中质量控制的关键环节提供了一个新的参考视角。

3.3　基本模型设定

3.3.1　消费者设定

我们使用 Hotelling 水平差异化模型来设定市场结构。两个厂商分别生产具有水平差异化的产品。消费者均匀分布于两个厂商之间长度为 1 的线段上，x 表示消费者与厂商 1 的距离（包括空间距离以及产品品牌与消费者的心理距离等），$y = 1 - x$ 表示消费者与厂商 2 的距离，t 为单位距离带给消费者的成本，t 值越大，反映了产品差异化程度越大。

图 3-1　Hotelling 水平差异化模型

3.3.2　厂商设定

厂商 1 生产产品 1，厂商 2 生产产品 2，分别定义产品 1 和产品 2 的安全率（即不发生事故的概率）为 e_1、e_2。安全率同时反映了厂商对产品质量的努力程度，努力程度越高，e 值越大，产品安全越有保障。定义产品 1 和产品 2 的效用分别为 p_1、p_2。博弈的过程分为三个阶段：首先，政府公布最低质量标准；其次，厂商同时进行质量博弈；最后，厂商进行价格博弈。

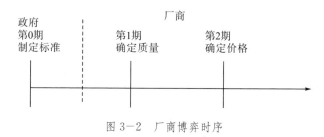

图 3-2　厂商博弈时序

消费者购买一单位产品所得净效用为：$u_i = s_i - p_i - t \cdot x_i$

$$s_i = \begin{cases} 1, & \text{概率为 } e_i \\ L, & \text{概率为 } 1-e_i \end{cases}$$

我们设定安全的产品可以让消费者得到单位效用 1。扣除消费者为购买这一单位产品而支付的价格，最后得到净效用：$u_1 = 1 - p_1 - tx$；购买不安全的产品发生事故后给消费者带来的效用为 L。扣除消费者为购买这一单位产品而支付的价格，最后得到净效用：$u_1' = L - p_1 - tx$。

由此计算消费一单位产品所得的期望效用：

$$EU_1 = e_1 u_1 + (1 - e_1)u_1' = e_1 + (1 - e_1)L - p_1 - tx$$

不失一般性，标准化 $L = 0$，

$$EU_1 = e_1 - p_1 - tx$$
$$EU_2 = e_2 - p_2 - t(1 - x)$$

由此得边际消费者的位置：

$$\tilde{x} = \frac{e_1 - e_2 - p_1 + p_2 + t}{2t}$$

由此计算出产品 1 的购买量：

$$D_1(p_1, p_2, e_1, e_2) = x = \frac{e_1 - e_2 - p_1 + p_2 + t}{2t}$$

产品 2 的购买量：

$$D_2(p_1, p_2, e_1, e_2) = y = 1 - \frac{e_1 - e_2 - p_1 + p_2 + t}{2t}$$

下面我们在产品差异化市场考察竞争中的厂商制定质量和价格的策略。我们发现厂商在不同的生产环节加强质量控制时，其对应的成本和定价策略也不相同。

以乳制品生产过程对含菌量的质量控制为例，厂商可以选择在加工环节通过先期投资购置的固定设备进行杀菌，也可以在持续性原料投入的环节加强质量控制。这两个环节对应着不同的质控成本，也会使厂商选择不同的定价策略。下面我们分别对两个环节的质量控制加以分析。

3.4　市场均衡质量

3.4.1　厂商通过先期投资控制质量

若产品的质量水平由厂商的先期投资决定，则厂商提高质量需要在生产前进行一次性投资，购置更高档的机械设备，此时厂商控制产品质量的成本为固定成本。例如，厂商要在加工环节降低乳品的含菌量，就需要在生产前购置更有效的杀菌设备。此时厂商提高产品质量就会体现为固定成本的增加，即用更有效的杀菌设备降低牛奶的菌落总数，提高牛奶的安全程度。这一固定成本即厂商的沉没成本，厂商在生产经营活动阶段的决策不受沉没成本的影响，产品质量的提高不会增加厂商生产的边际成本。

下面分别设定两个厂商的成本函数：

厂商 1：$C_1(e_1) = e_1^2$

厂商 2：$C_2(e_2) = ae_2^2$，$a > 1$。

a 的值反映了厂商在提高质量的技术上是不对称的：厂商 1 提高质量更容易，新增的固定成本更低；厂商 2 提高质量更艰难，新增的固定成本更高。

为求两阶段博弈的子博弈精炼纳什均衡解，我们采用倒推法先找第二阶段的纳什均衡。在博弈第二阶段，两个厂商进行价格竞争，在上一期双方确定的质量水平下同时确定价格，厂商面临的最大化利润问题为：

$$\max_{p_i} \pi_i(e_i, e_j) = p_i D_i(p_i, p_j, e_i, e_j) - C_i(e_i)$$

一阶条件 F. O. C：

$$\frac{e_i - e_j - 2p_i + p_j + t}{2t} = 0$$

得到市场价格：

$$p_i^*(e_i, e_j) = \frac{1}{3}(e_i - e_j + 3t)$$

下面我们对市场价格的表达式进行分析。这个公式里产品定价包含两个方面的因素：一是两个厂商先期对产品安全度所确定的水平，亦即厂商的努力水平；二是 t 值，表明价格同时会取决于产品的差异性。综合来看，这个价格表达式的经济意义表示制定更高安全水平、付出更多努力的厂商自然可以索取更高的质量特征价格。值得注意的是，这里虽然表明了厂商提高产品质量就可以提高产品的市场售价，但这并不意味着厂商把提高质量新增的成本包含到价格里面去。价格表达式里很明显没有提高质量的成本这一项目。这就说明当厂商提高产品质量只是通过生产前对质控设备的投入，从而只需要增加固定成本时，在价格竞争阶段的产品定价就与提高质量所额外新增的成本没有关系。进一步说，这个公式表明在固定成本情况下，博弈的厂商无法将质量成本转嫁给消费者来承担。

另外可以看到的是，厂商对产品的定价还与竞争对手的产品质量负相关。竞争对手的质量越高，对于自己的产品可替代性越强，同质化程度越高。这就导致了更激烈的价格竞争，从而产品价格面临下降的压力。但是产品价格又与 t 值成正相关，说明当产品的水平差异化程度增加时，又可以改变产品的同质竞争局面。因垂直差异化减弱而拖累价格降低的负向作用力可以被水平差异化程度增加所抵消。水平差异化程度提高后，消费者就对自己所偏爱的产品赋予了更多的支付意愿，因此可以保证厂商获得更强的市场势力和议价能力，从而对消费者索取更高的产品价格。从市场价格的表达式可以看出，厂商制定价格跟双方产品的质量水平和市场差异化程度有关。

我们再把价格函数代入产品的需求函数：

$$D_i^*(e_i,e_j)=\frac{e_i-e_j+3t}{6t}$$

由此，第一阶段质量博弈时厂商的目标函数可以表示为：

$$\max_{e_i}\ \pi_i(e_i,e_j)=p_iD_i(p_i,p_j,e_i,e_j)-C_i(e_i)$$

下面我们先解出最优反应函数为：

$$e_1 = \frac{e_2 - 3t}{1 - 18t}$$

$$e_2 = \frac{e_1 - 3t}{1 - 18at}$$

计算出 $\frac{\partial e_i}{\partial e_j} < 0$。这表明：如果对手提高质量，则厂商自己会降低质量；如果对手降低质量，则厂商自己会提高质量。总之，两个竞争厂商是策略替代的。

引理 1.1：在双寡头质量竞争的环境下，如果厂商提高质量仅仅通过前期固定投资来进行，那么厂商的质量博弈是策略替代的，亦即厂商的选择和对手相反。

联立最优反应函数，计算得到质量均衡解当 $t > 19$ 时，二阶条件以及均衡策略的取值区间均满足。

联立最优反应函数，计算得到质量均衡解[①]：

$$e_1^* = \frac{1 - 9at}{3(1 + a - 18at)}$$

$$e_2^* = \frac{1 - 9t}{3(1 + a - 18at)}$$

且 $e_1^* > e_2^*$。

通过前文分析我们得知，如果双寡头市场的产品进行差异化定位，则异质性的生产成本会导致最终形成一个异质性的均衡质

① $t > \frac{1}{9}$ 时，二阶条件以及均衡策略的取值区间均满足。

量。具体地说，如果厂商提高质量的成本更低，则结果是其将质量制定在更高的水平；如果厂商提高质量的成本更高，则结果是其将质量制定在更低的水平。

引理1.2：产品差异化定位的双寡头市场中，如果提高产品质量需要厂商在生产前进行更高的固定投资，则异质性的生产成本会导致最终形成一个异质性的均衡质量。具体地说，如果厂商提高质量的成本更低，则结果是其将质量制定在更高的水平；如果厂商提高质量的成本更高，则结果是其将质量制定在更低的水平。

3.4.2 厂商在持续投入环节控制质量

若产品的质量水平由厂商在对持续性原料的投入过程中决定，则厂商的质控成本体现为变动成本随生产规模的扩大而增加，亦即厂商的边际成本随产品质量的提高而增加。例如，生乳作为厂商的持续性原料投入，在这一环节控制质量就需要厂商持续性地控制住所投入的每一单位生乳的质量，这里的质控成本就与生产规模相关，提高质量水平就会导致边际生产成本的提高。将两个厂商的成本函数设为：

厂商1：

$$C_1(D_1, e_1) = D_1 \cdot e_1^2$$

厂商 2：

$$C_2(D_2,e_2) = a \cdot D_2 \cdot e_2^2$$

在厂商进行价格竞争的阶段，其目标函数为：

$$\max_{p_i} \pi_i(e_i,e_j) = p_i D_i(p_i,p_j,e_i,e_j) - C_i(e_i)$$

由此计算产品价格的表达式为：

$$p_1^*(e_1,e_2) = \frac{1}{3}(e_1 - e_2 + 2e_1^2 + ae_2^2 + 3t)$$

$$p_2^*(e_1,e_2) = \frac{1}{3}(e_2 - e_1 + 2ae_2^2 + e_1^2 + 3t)$$

可以看到，e_1^2 和 ae_2^2 分别为两个厂商的边际成本，为质量的函数，跟质量水平呈正相关。下面我们对产品价格表达式进行分析。这个公式里产品定价包含三个方面的因素。一是两个厂商对产品安全度所确定的水平，亦即厂商的努力水平。二是价格与边际成本相关，如果提高质量也抬高了边际成本，则价格函数里会包含这一项。三是 t 值，表明价格同时会取决于产品的差异性。综合来看，这个价格函数的经济意义表示制定更高安全水平付出更多努力的厂商自然可以索取更高的特征价格。另外可以看到的是，厂商对产品的定价还与竞争对手的产品质量成负相关。竞争对手的质量越高，对于自己的产品可替代性就越强，同质化程度加强。这就导致了更激烈的价格竞争，从而产品价格面临下降的压力。但是产品价格又与 t 值成正相关。这说明当产品的水平差异化程度增加时，又可以改变产品的同质竞争局面。垂直差异化减弱因而拖累价格降低的负向作用力可以被水平差异化程度增加所抵消。水平差异化程度增加后，消费者就对自己所偏爱的产品赋予了更多的支付意愿，因此可以保证厂商获得更强的市场势力和议价能力，从而对消费者索取更高的产品价格。从市场价格的表达式可以看出，厂商制定价格跟双方产品的质量水平和市场差异化程度有关。

这里值得注意的是，与固定成本下价格表达式一个明显的区别在于这里把边际成本的因素反映到了价格里。价格函数表达式里新增了两个厂商的边际成本项。这表明厂商不仅因为产品质量提高可以对消费者索要更高的质量溢价，而且可以因为成本提高而要求消费者支出更高的价格来承担这一新增的成本。因此，如果厂商提高产品质量是需要在生产过程中进行更优质的持续投入的，从而变动成本随产品质量提高而提高，那么产品定价就与提高质量所额外新增的成本有关。进一步说，这个公式表明在变动成本市场中，博弈的厂商有能力将质量成本转嫁给购买者来承担。

把价格函数代入第一阶段质量博弈的目标函数，得到需求函数如下。

厂商1：

$$D_1^*(e_1, e_2) = \frac{e_1 - e_2 + 3t - e_1^2 + ae_2^2}{6t}$$

厂商2：

$$D_2^*(e_1,e_2) = \frac{e_2 - e_1 + 3t + e_1^2 - ae_2^2}{6t}$$

以质量为控制变量求解质量博弈阶段的目标函数：

$$\max_{e_i} \pi_i^*(e_i,e_j) = p_i^* D_i^*(e_i,e_j) - C_i(e_i)$$

满足二阶条件①的情况下，计算市场质量的结果为：

$$e_1^* = \frac{1}{2}$$

$$e_2^* = \frac{1}{2a}$$

通过前文的分析我们得知，如果双寡头市场的产品进行差异化定位，则变动成本情况下的均衡质量与固定成本情况下一致，即异质性的生产成本会导致最终形成一个异质性的均衡质量。具体地说，如果厂商提高质量的成本更低，则结果是其将质量制定在更高的水平；如果厂商提高质量的成本更高，则结果是其将质量制定在更低的水平。

但是和固定成本情况不同的是，厂商不再是策略替代，而是策略中性，即不管对手选择什么水平的质量，厂商都有动机保持既定的质量水平不变。这里的经济含义在于，若最低质量标准的水平设置在两个厂商的中间水平，则原有的高质量产品的质量将

---

① 两个厂商的质量水平分别为各自利润函数极大值点的二阶条件为：$\frac{1-a-12at}{18at}<0$ 以及 $\frac{a-1-12at}{18at}<0$，与 $0<t<1$ 以及 $a>1$ 合并为 $t>\frac{a-1}{12a}$。

没有变动。

引理 2.1：产品差异化定位的双寡头市场中，如果提高产品质量需要厂商在生产过程中一直进行更优的投入，则异质性的生产成本会导致最终形成一个异质性的均衡质量。具体地说，如果厂商提高质量的成本更低，则结果是其将质量制定在更高的水平；如果厂商提高质量的成本更高，则结果是其将质量制定在更低的水平。

3.5 最低质量标准的规制效果分析

3.5.1 厂商通过先期投资控制质量时的最低质量标准

由前文知市场自发形成的均衡中，低质量产品的质量水平会定在 $e_2 = \dfrac{1-9t}{3(1+a-18at)}$。现在考虑政府设定初始的最低质量标准的水平与低质量产品的质量水平一致。下面我们考察如果最低质量标准提高 h 单位，市场均衡及社会福利如何变动。

提高质量标准后的标准水平：

$$e_{\min} = \frac{1-9t}{3(1+a-18at)} + h$$

我们这里设定政府会严格执法，强制性要求低质量产品必须达到质量标准。因此提高质量标准后低质量标准就与新的最低质量标准水平一致。与此同时，鉴于低质量产品的质量水平出现变化，从质量竞争的逻辑出发，高质量厂商就要调整自己的策略，顺应新的低质量产品水平做出更新的最优质量方案。因此，提高质量标准后新的市场下我们可以把反应函数改写如下：

$$e_2 = \frac{1 - 9t}{3(1 + a - 18at)} + h$$

$$e_1 = \frac{e_2 - 3t}{1 - 18t}$$

得到提高质量标准后新的产品质量表达式很重要，后面可以将其代入产品定价和产量规模的表达式。之后就可以求得市场各主体福利的表达式，对 h 求偏导做比较静态分析。通过这样一个过程我们就得到提高质量标准对经济福利的影响。

对于厂商所得收益，一个重要的影响因素是其产品定价。而对于消费者所得收益，为购买一单位产品所支出的购买价格也是重要的影响因素。因此，若要分析社会整体福利，我们就有必要首先研究产品定价。我们将会在下文中考察当政府设立最低质量标准并提高之后，产品定价是怎样随之而变化的。将提高质量标准后新的产品质量表达式代入产品定价和产量规模的表达式，得到厂商利润和消费者剩余的表达式。然后我们根据标准提高做社会福利的比较静态分析，亦即将福利函数对 h 求偏导。通过这样一个过程我们就得到提高质量标准对经济福利的影响。

提高标准后，新的产品定价如下：

$$p_1^* = \frac{2t(h(3+a(3-54t))+(-1+18t)(-1+9at))}{(-1+18t)(-1+a(-1+18t))}$$

$$p_2^* = \frac{2t(-3h+a(-1+3h+9t)(-1+18t))}{(-1+18t)(-1+a(-1+18t))}$$

$$\frac{\partial p_1}{\partial h} = \frac{6t}{1-18t} < 0$$

$$\frac{\partial p_2}{\partial h} = \frac{6t}{18t-1} > 0$$

从产品定价对标准提高程度的偏导数中发现，低质量产品定价的偏导数为正，表明低质量产品的定价因为标准更严而提高了；然而高质量产品定价的偏导数为负，表明高质量产品的定价因为标准更严而下降了。也就是说，政府制定更加严厉的质量标准后，是低质量厂商具备了涨价的能力。然而高质量厂商对低质量厂商是策略替代的，当低质量厂商提高质量后，高质量厂商反而会降低质量。因此，最后是更加严厉的质量标准让高质量厂商不仅不具备涨价的能力，反而需要降低产品定价。

引理 3.1：产品差异化定位的双寡头市场中，如果提高产品质量需要厂商在生产前进行更高的固定投资，那么政府制定一个更高要求的最低质量标准会导致产品价格随产品质量的变动趋势有所分化。具体地说，高质量产品会降价，而低质量产品会涨价。

命题 1.1：产品差异化定位的双寡头市场中，如果提高产品质量需要厂商在生产前进行更高的固定投资，那么政府制定一个更高要求的最低质量标准会导致厂商利润的变动趋势有所分化。具体地说，生产高质量产品的厂商会受损，而生产低质量产品的厂商会受益，即

$$\left.\frac{\partial \pi_1}{\partial h}\right|_{h=0} < 0, \left.\frac{\partial \pi_2}{\partial h}\right|_{h=0} > 0 \text{（证明见附录一）}$$

这里可以看到严格的标准让厂商1的利润降低了，但是厂商2的利润增加了。从前面我们对厂商质量竞争和价格竞争的分析可以看到，博弈双方的质量定位是策略替代的。这意味着一个严格的质量标准在让厂商2提高质量的同时，却让厂商1降低了产品质量。在这样的选择下，厂商1的产品定价和需求规模都下降了，最终其所得收益也减少了。但是对厂商2来说，一个更高的质量标准只能使其将产品质量提高。在这样的选择下，厂商2的产品定价和需求规模都上升了，最终其所得收益也增加了。

命题1.2：产品差异化定位的双寡头市场中，如果提高产品质量需要厂商在生产前进行更高的固定投资，那么政府制定一个更高要求的最低质量标准会导致消费者剩余增加，即

$$\left.\frac{\partial CS_1}{\partial h}\right|_{h=0} > 0, \left.\frac{\partial CS_2}{\partial h}\right|_{h=0} > 0 \text{（证明见附录二）}$$

在此我们进一步说明一个更高的质量标准可以使消费者受益的机理。

在无监管的市场自发均衡状态下，由于生产同等质量产品所需的成本不同，双寡头自然会形成质量上的差距。这样就使市场出现了产品质量的差异化，双寡头各自面向不同的购买群体具有一定的议价能力，为产品质量索取更高的价格。但是寡头之间的价格竞争又可以削弱其议价能力，并且双方产品同质化程度越高，则价格竞争越激烈，议价能力越弱。

当提高质量只需要在生产前提高沉没成本投入时，双寡头在

价格竞争阶段不需要考虑沉没成本。因此，影响其价格竞争程度
的只有产品同质化程度而没有成本上升的因素。于是在这种情况
下，由于双寡头的质量竞争是策略替代的，制定更高的质量标准
就导致产品之间质量收敛，差异性减少，同质性加强，价格竞争
就更加激烈。而厂商激烈的价格竞争使购买者可以面对性价比更
高的产品，从而受益。

3.5.2 厂商在持续投入环节控制质量时的最低质量标准

提高质量标准后的标准水平是：$e_{\min} = \dfrac{1}{2a} + h$

我们这里设定政府会严格执法，强制性要求低质量产品必须
达到质量标准。因此，提高质量标准后低质量标准就与新的最低
质量标准水平一致。在变动成本下，由于厂商的质量选择是策略
中性的，高质量厂商对低质量厂商的质量提升不做反应，因此，
提高质量标准后新的市场下我们可以把反应函数改写为：

$$e_1 = \frac{1}{2}$$

$$e_2 = \frac{1}{2a} + h$$

命题 2.1
产品差异化定位的双寡头市场中，如果提高产品质量需要厂

商做更高质量的持续性投入，那么政府制定一个更高要求的最低质量标准会导致厂商利润的变动趋势有所分化。具体地说，生产高质量产品的厂商会受益，而生产低质量产品的厂商会受损，即

$$\left.\frac{\partial^2 \pi_1}{\partial h^2}\right|_{h=0} > 0, \left.\frac{\partial^2 \pi_2}{\partial h^2}\right|_{h=0} < 0 \text{（证明见附录三）}$$

这里可以看到严格的标准让厂商1的利润增加了，但是厂商2的利润减少了。从前面我们对厂商质量竞争和价格竞争的分析可以看到，博弈双方的质量定位是策略中性的。这意味着一个严格的质量标准在让厂商2提高质量的同时，却没厂商1的质量保持不变。在这样的选择下，厂商2的产品定价因成本被抬高而必须向上提升。但是这个涨价的幅度就让原本可以购买产品2的消费者转而购买产品1了。也就是说，低质量产品的需求规模下降了，但是高质量产品的需求规模扩大了。这最终导致低质量厂商受损而高质量厂商受益。

命题2.2

产品差异化定位的双寡头市场中，如果提高产品质量需要厂商做更高质量的持续性投入，那么政府制定一个更高要求的最低质量标准会导致消费者剩余降低，即

$$\left.\frac{\partial^2 CS_1}{\partial h^2}\right|_{h=0} < 0, \left.\frac{\partial^2 CS_2}{\partial h^2}\right|_{h=0} < 0 \text{（证明见附录四）}$$

可见在产品差异化定位的双寡头市场中，质量标准提高对产品质量提升的要求不同，对消费者利益的变动的作用也不同。这是由于标准涉及生产前固定投资与生产中持续投入，二者对厂商

定价的作用机制不一样。涉及生产前固定投资时，产品定价只包含质量提高后索取的新增溢价，却并不包含边际成本增加的因素。涉及生产中持续投入时，产品定价就不只包含质量提高后索取的新增溢价，还将边际成本增加的因素包含了进去。

3.5.3 消费者剩余变动的机理分析

这里我们进一步分析为什么提高质量所对应的成本结构不同时，消费者剩余变动的方向不同。

当厂商通过生产前一次性固定投资的增加来提高产品质量时，提高质量只影响固定成本而不影响边际成本。由于厂商在质量博弈中的策略是替代的，低质量产品提高质量水平会使高质量产品降低质量水平，产品质量收敛，差异性减小，同质性加大，所以寡头之间的价格战更加激烈。这时候低质量产品虽然质量提高了，但是对应质量提高的产品定价增幅相对轻微。一个严格的标准使其产品定价的上升低于质量水平的上升，这样就使产品的性价比变得更高，消费者剩余增加。

而当厂商需要通过生产中持续性投入的增加来提高产品质量时，提高质量会导致厂商的变动成本或边际成本上升。厂商在这种情况下的产品定价必须考虑边际成本上升的因素，必须使价格可以覆盖新增的边际成本。并且在一个博弈的过程中，理性的寡头会推断竞争对手也必须考虑边际成本的因素，因此在产品价格中不仅反映自己边际成本的提高，同时也会反映对手边际成本的提高。这样就使得质量标准提高后厂商新制定的价格就同时包含了自己和竞争对手边际成本的提高。而厂商定价过程中对于边际成本的考虑就形成了价格战要坚守的一个底线，无论竞争多么激烈都不可能让价格无法覆盖边际成本的提高。而价格必须覆盖边际成本就使得厂商可以将因质量提高而新增的成本转嫁给消费者承担。消费者所支付的产品价格里实际上就包含了因产品质量提高而新增的成本。同时如前文分析，由于在变动成本下厂商间的质量竞争是策略中性的，低质量产品质量提高并不会导致高质量产品质量下降，这就使变动成本下厂商质量差距的缩小不如固定成本时那么显著，同质化趋势没有那么严重。综合以上，我们可以判断此时厂商的价格竞争就没有固定成本的情况下那么激烈，厂商可以制定相对较高的价格，具有更强的向消费者转嫁成本的能力。

3.6　最低质量标准的社会经济福利分析

根据前文分析，我们可见当提高质量所对应的生产成本主要体现为固定成本增加时，厂商较为缺乏将提高质量的成本转嫁给消费者的能力。这时候更加严格的质量标准可以让消费者由于产品性价比提高而增加消费者剩余，因此提高质量标准不仅可以提高产品质量，保障消费者的健康安全，也同样有利于消费者经济福利的改进。进一步，我们需要考虑，这种情况下提高质量标准是否不仅有利于消费者经济福利的改进，还可以有利于提高社会整体经济福利呢？

经济学对规制的社会经济效应的分析会考虑社会整体经济福利，亦即消费者剩余和生产者剩余的总和。当提高质量所对应的生产成本主要体现为固定成本增加时，厂商比较缺乏将提高质量的成本转嫁给消费者的能力，这可能会使厂商独自承担更多成本，利润受到一定的影响。然而，从社会整体经济福利来看，如果此时提高质量标准给消费者带来的好处远远超过厂商利润受到的影响，那么社会整体经济福利将是正向净增的，提高质量标准就具有更优的经济性。

参考规制经济学的一般研究框架，本书将社会总福利 SW 定义为市场中所有生产者的利润以及所有消费者的剩余的总和，亦即

$$SW = \pi_1 + \pi_2 + CS_1 + CS_2$$

由此可得定理 1。

定理 1：产品差异化定位的双寡头市场中，如果提高产品质量需要厂商在生产前进行更高的固定投资，那么政府制定一个更高要求的最低质量标准有利于改进社会整体经济效率，即：

$$\left.\frac{\partial SW}{\partial h}\right|_{h=0} > 0 \text{（证明见附录五）}$$

该结果表示如果政府将最低质量标准提到更高，则社会整体经济福利将增加。由此可见，在产品差异化定位的双寡头市场中，如果提高产品质量需要厂商在生产前进行更高的固定投资，则政府是可以将质量标准提到更高的。此时虽然厂商比较缺乏将提高质量的成本转嫁给消费者的能力，不得不独自承担更多提高

质量的成本，利润受到一定的影响，但是由于提高质量给消费者带来的好处远远超过厂商利润受到的影响，社会整体经济福利最终得到了净增长。综合来看，整个社会的经济收益高于经济成本，整体经济效益得到了改进。

形成这一结果的关键机制在于：如果提高质量是依靠技术升级、设备更新等生产前一次性投资的增加，则这些成本在厂商进入产品定价阶段时都已经成了沉没成本，不会再影响厂商的定价行为。此时影响厂商价格竞争的只有产品同质化程度而没有成本上升的因素。在这种情况下，由于双寡头的质量竞争是策略替代的，制定更高的质量标准就导致产品之间质量收敛，差异性减少，同质性加强，价格竞争更加激烈，使得消费者可以因产品性价比提高而受益。

3.7　结论及政策意义

根据本章分析，提高食品行业最低质量标准对消费者剩余的影响与提高质量所对应的成本结构有关，这是由于不同成本结构下厂商向消费者转嫁成本的能力不同。

尽管厂商可以通过产品差异化形成一定的市场势力和议价能力，为产品更高的质量索取更高的溢价，但是厂商之间的价格竞争又可以削弱其议价能力，并且双方产品同质化程度越高则价格竞争越激烈，议价能力越弱。

当厂商提高质量的成本对应固定成本的增加时，亦即在提高质量只需要在生产前提高沉没成本投入的情况下，因为双寡头在价格竞争阶段不需要考虑沉没成本，所以影响其价格竞争程度的只有产品同质化程度而没有成本上升的因素。在这种情况下，由于双寡头的质量竞争是策略替代的，制定更高的质量标准就导致产品之间质量收敛，差异性减少，同质性加强，价格战就更加激烈。而厂商激烈的价格竞争使消费者可以面对性价比更高的产品，从而受益。并且最终从社会整体经济福利看，消费者因产品性价比提升而带来的社会收益超过了全社会为提高产品质量而增加的生产成本，全社会的总体经济效率都将得到改进。

当产品质量的提高涉及变动成本或边际成本增加时，厂商的产品定价必须考虑边际成本增加的因素，必须使价格可以覆盖新增的边际成本。并且在一个博弈的过程中，理性的寡头会推断对手也必须考虑边际成本的因素，因此在产品价格中不仅反映自己边际成本的提高，同时也会反映对手边际成本的提高。这样就使得质量提高后厂商新制定的价格同时包含了厂商自己和竞争对手边际成本的提高。而厂商定价过程中对于边际成本的考虑就形成了价格竞争要坚守的一个底线，无论竞争多么激烈都不可能让价格无法覆盖边际成本的提高。而价格必须覆盖边际成本就使得寡头们可以将因为质量提高而新增的成本转嫁给消费者。消费者所支付的产品价格里实际上就包含了因产品质量提高而新增的成本。同时由于在涉及变动成本的情况下，寡头间的质量竞争是策略中性的，低质量产品质量提高并不会导致高质量产品质量下降。因此相比于固定成本的情况，提高质量标准并不会让市场产品的质量收敛过快。综合以上两点来看，我们可以判断此时厂商的价格竞争就没有固定成本的情况下那么激烈。所以在这种情况下，厂商有可能更多地将提高质量的成本转嫁给消费者，影响产品质量提高后的性价比。因此，这种情况下如果要制约厂商向消费者转嫁成本的能力，进一步提高产品的性价比，我们在提高质量标准的同时就要更多考虑其他方面政策举措的配合与联动。例如对小企业提高产品质量的技术升级加大支持，增加其竞争力。从前文对市场均衡价格和均衡质量的分析可见，对于提高质量更艰难的厂商而言，一旦其提高质量的技术进步使得提高同等质量所耗费的成本更低，则市场所形成的产品均衡质量会提升，同时均衡价格会下降，这就可以使消费者获得性价比更高的产品。

　　本章的研究结论或许可以为当前食品质量的监管在多个方面提供一定的理论参考。

　　首先，食品质量标准体系庞大繁杂，相关部门可以结合特定时期的具体特征分批制定和修改质量标准，不断与时俱进地完善食品质量标准体系。在保障食品质量和人民群众健康安全的基础上，如果要结合时代特征和具体国情进一步考虑质量标准的经济效应，使人民群众通过消费性价比更高的产品提升生活质量，则可以考虑在产品质量提升更多依靠技术升级、设备更新等先期固定投资增加的领域进一步设置更加严格的食品质量标准。这也意味着，随着我国各行业产业升级的加速推进，在食品行业机械化、自动化、智能化程度日益提升的新阶段，我们具备更有利的条件在更多的食品细分领域或产品质量的更多维度设置高于市场自发水平的质量标准，以及对更多的原有质量标准进行修订，将标准的严格程度进一步提高。

　　其次，要坚持推进我国食品产业升级，加快行业的规模化、机械化、自动化、智能化，使其产品质量的提高更多依靠技术升级和设备更新，与提高食品质量标准实现有机联动。在提高质量仍然主要依靠增加变动成本的领域，设置更严格质量标准的同时

可以考虑进一步支持其行业整体技术结构的升级，还要注意对小
企业提高产品质量的技术工艺加大支持力度，帮助小企业以更低
的边际成本实现产品质量的提升，缓解其因成本提高而导致价格
上涨的幅度。由此激励市场在形成更高均衡质量的同时降低均衡
价格，使消费者所获产品的性价比得到提高。在推进质量标准体
系完善的过程中，各部门可加强配合联动，多方出台系统性措
施，更充分地发挥质量标准的综合效益，对提升人民群众的生活
质量形成放大效应。

进一步，本章的研究结论也有助于思考对食品生产的不同环
节如何设置具体的质量标准。食品产业的生产链条较长，从农产
品原料到最终产品的生产之间存在多个生产环节，每个生产环节
的质量控制都会影响最终的产品质量。一个完善的质量标准体系
会考虑不同环节的质量标准设置，在确保最终产品高质量的前提
下，如果在前端环节设置更高标准，则前端环节控制质量的成本
就可能相对更高一些，后端环节的成本就可能相对更低一些；如
果对前端环节放松质量控制，则后端环节需要承担更多控制质量
的工作，以确保最终产品的质量不放松，那么后端环节控制质量
的成本就可能相对更高一些，前端环节的成本就可能相对更低一
些。诚然，如果只在最终产品的生产环节将质量标准提到最高，
自然可以保证产品的最终质量，但这也意味着提高质量的生产成
本全部由最终产品的生产环节承担。而如果在保持最终生产环节
不放松高标准的前提下，在前端生产环节也提高质量标准，则可
以将提高质量的生产成本向前端环节进行分摊。因此值得我们思
考的问题在于，在确保最终产品环节高标准的前提下，前端各环
节如何设置质量标准的具体水平；各环节如何分担提高质量的成
本；各环节承担成本的不同方案对最终产品的价格以及性价比是

否存在不同影响。

　　诚然，各生产环节对提高产品质量所承担的工作需要从技术角度进行考虑，但本章的理论分析可以从经济性的视角提供参考。我们可以考察不同生产环节提高质量的具体成本结构，如果该环节主要通过技术升级、设备更新等先期一次性投资的增加来提高质量，则其提高质量的成本主要体现为固定成本；如果该环节主要通过在生产过程中增加持续性投入来提高质量，则其提高质量的成本主要体现为变动成本。因此，我们或许可以更多考虑在固定成本的生产环节进一步提高质量标准。结合食品行业的特征，由于食品加工厂生产最终产品的环节相比于农产品原料生产等前端环节往往具备更高的规模化、机械化、自动化和智能化水平，因此生产最终产品的环节往往更多通过固定成本的增加来提高产品质量。由此，在整个标准体系的设置中，我们或许可以考虑让最终产品的生产环节更多地承担提高质量的成本，以使得在保证最终产品高质量的前提下还可以进一步提高产品的性价比。

　　本章的研究结果与当前我国正在着力推广的 HACCP 食品质量管理体系的背景比较契合。随着食品行业分工细化、新技术的采用，食品生产环节拉长，品种形式多元化。面对新的食品安全环境，监管者逐步发展制定出一套注重事前预防的质量管理体系，即采用危害分析与关键点控制原则（HACCP），对从原料采购、产品加工到消费各个环节可能出现的危害进行分析和评估，根据这些分析和评估来设立某一食品从原料直至最终消费这一全过程的关键控制点，对关键点建立起能有效监测的程序。由于只需对食品生产全环节中的几个能有效控制食品最终质量的关键点进行及时管理，HACCP 不仅能够更有效地保证产品质量和食品安全（Pierson 和 Corlett，1992）①，也能避免事后检测的滞后性和检测不合格所造成的生产浪费，因此在发达国家中已得到普遍应用②，并在发展中国家蓬勃发展（Merican，1996）。当前我国也正在推广 HACCP 体系的应用③。在寻找能实现有效监管的关键点的基础上，本章从设置质量标准的角度进一步探索对不同生产环节加强质量控制的经济效应，为关键点质量控制的思路提供一个新的视角。

---

① HACCP 的优势在于：在出现问题前就可以采取纠正措施，因而是积极主动的控制；通过易于监控的特性来实施控制，可操作性强、迅速；只要需要就能采取及时的纠正措施，迅速进行控制；与依靠化学分析微生物检验进行控制相比，费用低廉；由之前参与食品加工和管理的人员控制生产操作；关注关键点，使每批产品采取更多的保障措施，使工厂重视工艺改进，降低产品损耗；通过监测结果的趋向 HACCP 能用于潜在危害的预告；HACCP 涉及与产品安全性有关的各个层次的职工，可以做到全员参与。

② 欧盟于 1995 年起开始要求食品生产商采纳 HACCP 体系（Grijspaardt-Vink，1995），而美国在 1998 年时已经有种子、肉类、家禽以及果汁等行业被要求采用 HACCP（Morris，1997）；HACCP 在澳大利亚、新西兰以及加拿大等西方国家也都得到大力推广（Peters，1997；Dean，1990）。

③ 我国从 20 世纪 90 年代起开始引入符合 HACCP 原则的事前规制概念。1990年，原国家商检局组织了含 HACCP 理念的"出口食品安全工程的研究和应用计划"，水产品等十类食品列入计划，近 250 家企业加入计划，为 HACCP 引入中国打下基础。2002 年，国家质检总局发布第 20 号令《出口食品生产企业卫生注册登记管理规定》，首次强制要求罐头、水产品、肉类、果蔬、速冻方便食品等高风险生产企业建立 HACCP 管理体系。2003 年，卫生部发布《食品安全行动计划》，要求食品生产企业大力推进 HACCP 管理体系的建设。2009 年，全国人大发布《中华人民共和国食品安全法》，鼓励食品生产企业在事前建立规范的 HACCP 管理体系，加强对食品质量的事前控制。HACCP 质量管理体系在我国正日益得到广泛应用。

附录

附录一

厂商 1：$\pi_1(e_1, e_2) = P_1(e_1, e_2)D_1(e_1, e_2) - C_1(e_1)$

政府制定更高质量标准后双寡头制定新的质量水平 e_1，e_2。将新的质量表达式代入目标函数，对 h 求偏导。$h = 0$ 时偏导数的符号就是更高的质量标准造成厂商 1 利润发生变动的方向。

$$\left.\frac{\partial \pi_1}{\partial h}\right|_{h=0} = \frac{2 - 18at}{-3 + a(-3 + 54t)}$$

满足二阶条件及均衡质量取值区间需要 $t > \dfrac{1}{9}$，

当 $t > \dfrac{1}{9}$ 时，$\left.\dfrac{\partial \pi_1}{\partial h}\right|_{h=0} < 0$

厂商 2：$\pi_2(e_1, e_2) = P_2(e_1, e_2)D_2(e_1, e_2) - C_2(e_2)$

$$\left.\frac{\partial \pi_2}{\partial h}\right|_{h=0} = \frac{2a(-1 + 9t)}{-3(-1 + 18t)(-1 - a + 18at)}$$

当 $t > \dfrac{1}{9}$ 时，$\left.\dfrac{\partial \pi_2}{\partial h}\right|_{h=0} > 0$

附录二

固定成本的消费者剩余

产品 1：

$$CS_1 = \int_0^{\tilde{x}} (e_1 - p_1(e_1, e_2) - tx)\,\mathrm{d}x$$

$$\left.\frac{\partial CS_1}{\partial h}\right|_{h=0} = \frac{(-2+15t)(-1+9at)}{(-1+18t)(-1-a+18at)}$$

当 $t > \dfrac{1}{9}$ 时，$\left.\dfrac{\partial CS_1}{\partial h}\right|_{h=0} > 0$

产品 2：

$$CS_2 = \int_{\tilde{x}}^1 (e_2 - p_2(e_1, e_2) - t(1-x))\,\mathrm{d}x$$

$$\left.\frac{\partial CS_2}{\partial h}\right|_{h=0} = \frac{(-1+9t)(1-a+3at)}{(-1+18t)(-1-a+18at)}$$

当 $1 < a < \dfrac{3}{2}$ 且 $t > \dfrac{1}{9}$ 以及 $a > \dfrac{3}{2}$ 且 $t > \dfrac{a-1}{3a}$ 时，$\dfrac{\partial CS_2}{\partial h} > 0$ 可以合理地假设能互为竞争对手的厂商技术差距不会超过 9 倍，即 $a < 9$，此时 $\dfrac{a-1}{3a} < 0.296$。鉴于本文考虑存在显著产品差异化的市场，故 $t > \dfrac{a-1}{3a}$ 比较合理。因此 $\left.\dfrac{\partial CS_1}{\partial h}\right|_{h=0} > 0$，即提高质量标准将会降低社会总福利。

附录三

生产者利润

厂商 1：$\pi_1(e_1, e_2) = p_1(e_1, e_2)D_1(e_1, e_2) - C_1(e_1)$

$$\frac{\partial \pi_1}{\partial h} = \frac{h(-1 + a + 4a^2h^2 + 12at)}{18t}$$

$$\frac{\partial \pi_1}{\partial h}\bigg|_{h=0} = 0$$

$$\frac{\partial^2 \pi_1}{\partial h^2} = \frac{h(a - 1 + 12a^2h^2 + 12at)}{18t}$$

由二阶条件 $t > \dfrac{a-1}{12a}$ 可知

$$\frac{\partial^2 \pi_1}{\partial h^2}\bigg|_{h=0} = \frac{a - 1 + 12at}{18t} > 0$$

厂商 2：$\pi_2(e_1, e_2) = p_2(e_1, e_2)D_2(e_1, e_2) - C_2(e_1)$

因为双寡头的质量博弈是策略中性的，高质量的厂商 1 仍然选择原有质量水平。而针对厂商 1 原有的质量水平，市场自发均衡下的厂商 2 的原有质量水平才是对其的最优反应。因此只要厂商 1 质量不变而厂商 2 质量变动，就必然导致厂商 2 利润降低。

即 $\dfrac{\partial^2 \pi_2}{\partial h^2}\bigg|_{h=0} < 0$

附录四

消费者剩余
产品 1：

$$CS_1 = \int_0^{\tilde{x}} (e_1 + L - e_1L - p_1 - tx)\,\mathrm{d}x$$

$$\frac{\partial CS_1}{\partial h} = \frac{h(5 + a - 20a^2h^2 - 60at)}{72t}$$

$$\left.\frac{\partial CS_1}{\partial h}\right|_{h=0} = 0$$

由二阶条件 $t > \dfrac{a-1}{12a}$ 可知

$$\frac{\partial^2 CS_1}{\partial h^2} < 0$$

产品 2：

$$CS_2 = \int_{\tilde{x}}^1 (e_2 + L - e_2L - p_2 - t(1-x))\,\mathrm{d}x$$

$$\frac{\partial CS_2}{\partial h} = \frac{h(-7 + a + 28a^2h^2 - 12at)}{72t}$$

$$\left.\frac{\partial CS_2}{\partial h}\right|_{h=0} = 0$$

由二阶条件 $t > \dfrac{a-1}{12a}$ 可知

$$\frac{\partial^2 CS_2}{\partial h^2}<0$$

附录五

社会总福利

$$SW=\pi_1+\pi_2+CS_1+CS_2$$

当 $t>\dfrac{-1+3a}{18a}+\dfrac{1}{18}\sqrt{\dfrac{1-8a+7a^2}{a^2}}$ 时，$\dfrac{\partial SW}{\partial h}\Big|_{h=0}>0$

可以合理地假设能互为竞争对手的厂商技术差距不会超过 9 倍，即 $a<9$，此时 $\dfrac{-1+3a}{18a}+\dfrac{1}{18}\sqrt{\dfrac{1-8a+7a^2}{a^2}}<0.298$。鉴于本书考虑存在显著产品差异化的市场，故 $t>\dfrac{-1+3a}{18a}+\dfrac{1}{18}\sqrt{\dfrac{1-8a+7a^2}{a^2}}$ 比较合理。

4 食品行业质量标准的监管

4.1 引言

本章进一步对食品行业质量标准的监管展开研究，探讨具体情况下质量标准的最优监管方式。通常来说，对于涉及人民群众健康安全的领域，这一类质量维度必须实行强制性标准监管以守住食品安全的底线，如对菌落总数或是对三聚氰胺等有害物质的限制。那么，对于并不涉及人民群众健康安全的领域，如食品的口感、品位等，是否也都必须设置质量标准呢？当然，如果这些质量维度存在信息不对称，消费者难以准确辨别不同产品的质量水平，市场中存在以次充好、假冒伪劣等现象，则质量标准可以一定程度缓解因信息不对称带来的市场逆向选择的问题。但是如果市场信息是透明的，消费者可以准确区分不同产品的质量，市场不存在以次充好、假冒伪劣等信息不完全带来的问题，那么还有没有必要进行质量标准的监管呢？比如，有的消费者自愿购买高质高价的产品，有的消费者自愿购买低质低价的产品，大家根据自身的需求购买适合的产品类别。如果仍有必要，那么具体采取何种监管方式？应该采取推荐性标准监管还是强制性标准监管又或其他方式监管呢？

例如，科尔沁牛肉肉质鲜嫩多汁，蛋白质含量多，脂肪含量适度；阳澄湖大闸蟹体大、肥美、营养丰富。科尔沁牛肉和阳澄湖大闸蟹相比于其他普通同类产品明显具有更高的品质。如果市场信息透明，消费者可以准确辨别牛肉或大闸蟹各种不同品类、品牌、产品档次的质量区别，也不存在以次充好、假冒伪劣的问题，那么这种情况下是否有必要通过强制性的质量标准要求其他普通同类产品全都提升到顶级产品的口味或品质呢？对达不到科尔沁牛肉和阳澄湖大闸蟹品质的产品，是否有必要全部禁止上市？从直觉上看，我们或许大多认为这并不是必要的。一方面，口感、品位这类质量维度与食品卫生、有害物含量等质量维度不同，其并不涉及人民群众的健康安全，在这些质量维度上只要政府对产品质量做好分级认证，让消费者能准确识别不同产品的质量水平，就会存在一部分消费者愿意购买低质低价的产品，另一部分消费者愿意购买高质高价的产品，市场可以针对不同消费群体提供各自满意的产品类别。另一方面，即便在产业升级背景下我们致力于提高食品行业的整体品质，我们也不可能让普通湖泊一夜之间变成阳澄湖，毕竟农产品品质的影响因素复杂，质量的提升需要漫长的周期，不是一纸规定就能一蹴而就的，而是需要相关部门通过循序渐进的产业扶持与引导去逐步实现的。

然而需要指出的是，即使对于不涉及人民群众健康安全的食品质量领域，很多情况下政府通过设置食品质量标准进行监管仍然存在必要。例如，由于市场自身的局限性，或由于厂商市场势力的存在，或由于信息不对称问题的存在，市场产品质量长期处于低水平陷阱，市场自身缺乏提升产品质量的动机。在当前我国致力推进经济高质量发展的背景下，仅仅依靠市场自身的力量可能难以实现食品行业质量的提升、国际竞争力的增强和人民群众生活质量的提升。从社会整体经济福利的角度看，市场自发形成的均衡质量水平也可能并非社会最优水平，长期陷于低质量水平均衡的市场有可能无法实现资源最优配置，导致效率损失，出现市场失灵。

在这些情况下，政府关于食品质量标准的监管仍然具有必要性，但除了强制性质量标准监管，还有更多灵活可选的监管方式可以考虑。例如，监管者可以设置一个高水平的质量标准，但不强制所有企业达标。此时，企业可以自愿申请标准认证，监管者对达到标准的企业产品进行认证，让消费者知晓该企业的产品处于较高质量水平；监管者也可以不要求全社会所有企业达标，但是通过一系列方式引导一部分企业的产品质量率先达到高标准。在我国国家标准体系中，既存在 GB 系列强制性标准，也存在GB/T 系列推荐性标准。前者对质量做出强制性要求，不达标的企业将受处罚，该标准下市场中所有产品都必须达标；而后者不具备强制性，并不强制要求所有企业产品达标，企业可以自愿申请高标准的认证。同时，国家也可通过经济手段或市场调节——如通过产业补助、政府合同等——引导一部分企业的产品质量率先达到推荐性标准。

因此，我们有必要思考如下问题：对于可以选择不同质量标准监管方式的食品领域，哪种监管方式可以实现社会最优？选择的依据是什么？如何根据不同的情况选择不同的监管方式？本章将对这些问题展开探讨。

4.2 基本模型设定

考虑一个产品垂直差异化的双寡头竞争市场。市场中有两家厂商：厂商1和厂商2，生产同种产品。两家厂商可以选择生产两种质量的产品，厂商1选择生产的产品质量为 q_1，数量为 x_1；厂商2选择生产的产品质量为 q_2，数量为 x_2。我们假设可选质量为离散的两个水平，即 $q_i \in \{q_l, q_h\}$。θ 表示消费者对于产品每单位质量的支付意愿，消费者按照各自的偏好 θ 均匀分布在长度为1的线段 $(0, 1)$ 上，并且每位消费者对产品有单位需求。

设定厂商1作为高质量厂商，其产品质量水平为 h 且有 $h > 1$。厂商2作为低质量厂商，其产品质量水平标准化为1。首先政府制定标准，然后厂商确定产品质量 q_i，最后厂商确定产量 x_i。

博弈时序为：

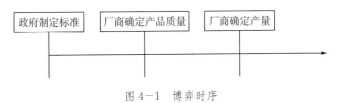

图 4-1 博弈时序

本章考虑一个完全信息的市场，即消费者可以识别市场上的产品质量。现实中，消费者通过长期重复购买可以对某些维度的食品质量做出识别，拥有质量标签的食品也可以让消费者明确产品的质量情况。我们设定市场中的消费者愿意为低质量产品支付价格 p_l，获得的效用为 $1 \cdot \theta$，消费者净效用为 $U_l = \theta - p_l$；愿意为高质量产品支付价格 p_h，获得的效用为 $h \cdot \theta$（有 $h>1$，表明高质量产品可以为消费者带来更大的效用），h 的大小表现为两者的质量水平差异程度，消费者净效用为 $U_h = \theta h - p_h$。消费者选择更大净效用的产品，并且只要消费者的净效用不小于零，就会对产品形成有效需求。

下面我们分三种情况讨论产品价格的表达式。

（1）市场上只有低质量产品的情况：

如果消费者购买低质量产品，需满足

$$U_l > 0$$

亦即　　　　　　　　　　$$\theta > p_l$$

由此，如果市场上全部为低质量产品，则刚好愿意购买产品的那个消费者为

$$\tilde{\theta} = p_l^1$$

此时，消费者对整个市场的购买量为

$$1 - \tilde{\theta}$$

由此可知，若市场上只有低质量产品时

$$x_1 + x_2 = 1 - p_l^1$$

则可得到

$$p_l^1 = 1 - x_1 - x_2$$

（2）市场上有一高一低两种质量的产品：

对消费者 $\bar{\theta}$ 来说，消费高质量产品与低质量产品是无差异的，则 $U_h = U_l$

得

$$\bar{\theta} = \frac{p_h - p_l}{h - 1}$$

同时，对消费者 $\underline{\theta}$ 来说，购买产品的净效用恰好不小于零，则 $U_h \geqslant 0$ 且 $U_l \geqslant 0$

得 $\underline{\theta} = p_l$

在 $(0, \underline{\theta})$ 上的消费者不购买任何产品，在 $(\underline{\theta}, \bar{\theta})$ 上的消费者选择购买低质量产品，在 $(\bar{\theta}, 1)$ 上的消费者选择购买高质量产品。

这样，高质量产品和低质量产品的市场份额分别为

$$x_h = 1 - \bar{\theta} = 1 - \frac{p_h - p_l}{h - 1}$$

$$x_l = \bar{\theta} - \underline{\theta} = \frac{p_h - p_l}{h - 1} - p_l$$

高质量产品和低质量产品的价格分别为

$$p_h^2(x_h, x_l) = h - hx_h - x_l$$

$$p_l^2(x_h, x_l) = 1 - x_h - x_l$$

（3）市场上只有高质量产品的情况：

如果消费者购买高质量产品，需满足

$$U_h > 0$$

亦即 $$\theta_h > p_h$$

由此，如果市场上全部为高质量产品，则刚好愿意购买产品的那个消费者为

$$\hat{\theta} = \frac{p_h^3}{h}$$

此时消费者对整个市场的购买量为

$$1 - \hat{\theta}$$

由此可知，若市场上只有高质量产品时

$$x_1 + x_2 = 1 - \frac{p_h^3}{h}$$

则可得到

$$p_h^3 = h\ (1 - x_1 - x_2)$$

4.3 无监管状态下的市场均衡

4.3.1 厂商的最优化问题

厂商为满足最低质量标准的要求，实现从低质量产品到高质量产品的转变，进行较大幅度的食品质量水平提升，往往需要在生产前进行投资，包括购买更先进的生产设备，引进更完善的质量控制体系，对员工进行专业技能培训等。而且，原本生产的产品质量水平越低、质量提高幅度越大，厂商前期投资也就越高。

此时，厂商生产低质量产品需要投入的成本为 C_L，不失一般性可以标准化 $C_L = 0$，表明厂商不需要额外的成本投资即可生产低质量产品；厂商生产高质量产品需要投入的成本为 C_H，由于生产高质量产品需要有更先进的生产设备或更严格的生产环境管理等前期投入，明显有 $C_H > 0$。由此可得，为满足最低质量标准进行的额外投资 C 满足 $C = C_H - C_L = C_H$。这里厂商成本设定为固定成本，两个厂商面临的成本是同质的。

为求解该博弈的子博弈精炼纳什均衡解，我们采用倒推法先找第二阶段的纳什均衡。在博弈第二阶段，两个厂商进行产量竞

争，在各自的生产条件确定的情况下确定产量。厂商面临的最大
化利润问题为：

$$\max_{x_i} \ \pi\left(x_i,x_j\right) = p\left(x_i,x_j\right)\cdot x_i - C_i$$

一阶条件 F. O. C：

$$p\left(x_i,x_j\right)\cdot 1 + p'_{x_i}\left(x_i,x_j\right)x_i = 0$$

我们再考察第一阶段厂商如何选择质量。由于厂商实行产量
竞争，厂商不必然如价格竞争的情况下实行产品差异化，因此可
以在同等质量水平下生产相同的产品。这样厂商 1 和厂商 2 就可
以有四组策略组合，分别是：①厂商 1 选择低质量，厂商 2 选择
低质量；②厂商 1 选择低质量，厂商 2 选择高质量；③厂商 1 选
择高质量，厂商 2 选择低质量；④厂商 1 选择高质量，厂商 2 选
择高质量。

4.3.2　厂商在各策略组合下所得支付

四组策略组合使得厂商的博弈可能出现三种结果，即都选择
高质量、都选择低质量或一个选择高质量另一个选择低质量，那
么我们可以分三种情况来进行计算。

（1）当两家厂商都生产低质量产品时：

这时市场上只有同质的低质量产品存在，两家厂商所生产产

品的价格也都是低质量产品所对应的价格，即：

$$p_l^1 = 1 - x_1 - x_2$$

此时两个厂商各自利润最大化的目标函数为：

$$\max_{x_1} \pi_1^1 = p_l^1 x_1 = (1 - x_1 - x_2)x_1$$
$$\max_{x_2} \pi_2^1 = p_l^1 x_2 = (1 - x_1 - x_2)x_2$$

通过联立其一阶条件方程组，我们可以得到两家厂商所决定的产量规模为

$$x_1 = x_2 = x_l^1 = \frac{1}{3}$$

由此，得到两家厂商产品的价格为

$$p_l^1 = 1 - x_h - x_l = \frac{1}{3}$$

可以计算出这种情况下两家厂商各自所获利润为

$$\pi_1 = \pi_2 = \pi_l^1 = \frac{1}{9}$$

因此，当厂商都做出生产低质量的决策时，各自所得的支付均为$\frac{1}{9}$。

（2）当一家厂商选择生产低质量产品，而另一家厂商选择生产高质量产品时：

这时候生产高质量产品的厂商确定价格为

$$p_h^2(x_h, x_l) = h - h x_h - x_l;$$

而生产低质量产品的厂商确定价格为

$$p_l^2(x_h, x_l) = 1 - x_h - x_l$$

低质量厂商面对的利润最大化目标函数为

$$\max_{x_l} \pi_l^2 = p_l x_l = (1 - x_h - x_l) x_l$$

高质量厂商面对的利润最大化目标函数为

$$\max_{x_h} \pi_h^2 = p_h x_h - C = (h - h x_h - x_l) x_h - C$$

通过联立其一阶条件方程组，我们可以得到两家厂商所决定的产量规模分别为

高质量厂商的产量

$$x_h^2 = \frac{2h - 1}{4h - 1}$$

低质量厂商的产量

$$x_l^2 = \frac{h}{4h-1}$$

由此得到两家厂商产品的价格分别为

高质量厂商的产品价格

$$p_h^2 = h - hx_h - x_l = \frac{2h^2 - h}{4h-1}$$

低质量厂商的产品价格

$$p_l^2 = 1 - x_h - x_l = \frac{h}{4h-1}$$

可以计算出这种情况下两家厂商各自所获利润分别为

高质量厂商的利润为

$$\pi_h^2 = \frac{h\,(2h-1)^2}{(4h-1)^2} - C$$

低质量厂商的利润为

$$\pi_l^2 = \frac{h^2}{(4h-1)^2}$$

因此，当厂商各自分别生产高质量产品和低质量产品时，高质量厂商所得到的支付为$\frac{h\,(2h-1)^2}{(4h-1)^2} - C$，低质量厂商所得到的

支付为 $\dfrac{h^2}{(4h-1)^2}$。

（3）当两家厂商都生产高质量产品时：

这时市场上只有同质的高质量产品存在，两家厂商所生产产品的价格也一样，都是此时高质量产品所对应的价格，即

$$p_h^3 = h (1-x_1-x_2)$$

此时两个厂商各自利润最大化的目标函数为

$$\max_{x_1} \pi_1^3 = h (1-x_1-x_2) x_1 - C$$
$$\max_{x_2} \pi_2^3 = h (1-x_1-x_2) x_2 - C$$

通过联立其一阶条件方程组，我们可以得到两家厂商所决定的产量规模为

$$x_1 = x_2 = x_h^3 = \frac{1}{3}$$

由此得到两家厂商产品的价格为

$$p_h^3 = h (1-x_1-x_2) = \frac{1}{3} h$$

可以计算出这种情况下两家厂商各自所获利润为

$$\pi_1 = \pi_2 = \pi_h^3 = \frac{1}{9} h - C$$

因此，当厂商都做出生产高质量的决策时，各自所得的支付均为：$\frac{1}{9}h-C$。

综上，我们可以得到这个博弈的支付矩阵，如表4-1：

表4-1 厂商博弈的支付矩阵

厂商2

		低质量	高质量
厂商1	低质量	$\left(\frac{1}{9},\frac{1}{9}\right)$	$\left(\frac{h^2}{(4h-1)^2},\frac{h(2h-1)^2}{(4h-1)^2}-C\right)$
	高质量	$\left(\frac{h(2h-1)^2}{(4h-1)^2}-C,\frac{h^2}{(4h-1)^2}\right)$	$\left(\frac{1}{9}h-C,\frac{1}{9}h-C\right)$

4.3.3 厂商质量博弈中的最优反应

我们可以从厂商的收益矩阵中找到一个纳什均衡，以判断最终的博弈结果是上述三种情况中的哪一种。为求这个纳什均衡，我们需要判断厂商针对竞争对手的选择所做出的最优反应。

首先，我们研究当竞争对手选择生产低质量产品时厂商所对应的最优选择。从收益矩阵中可以看到，若竞争对手选择生产低质量产品，则厂商生产低质量产品的利润为$\frac{1}{9}$，而生产高质量产品的利润为$\frac{h(2h-1)^2}{(4h-1)^2}-C$。因此，从两种情况下厂商利润的表达式看，在这种情况下厂商选择生产何种质量就与提高质量的成本 C 相关。如果成本 C 足够大，则厂商生产高质量产品的利润将低于生产低质量产品的利润，那么这时生产低质量产品为厂商的最优策略。如果成本 C 足够小，则厂商生产高质量产品的利润会高于生产低质量产品的利润，那么这时生产高质量产品就为厂商的最优策略。

具体的，我们可以计算出当 $C > \dfrac{h(2h-1)^2}{(4h-1)^2} - \dfrac{1}{9}$ 时，厂商的最优策略为选择生产低质量产品。而当 $C < \dfrac{h(2h-1)^2}{(4h-1)^2} - \dfrac{1}{9}$ 时，厂商的最优策略为选择生产高质量产品。

下面我们再研究当竞争对手选择生产高质量产品时厂商所对应的最优选择。若竞争对手选择了生产高质量产品，则厂商生产低质量产品的利润为 $\dfrac{h^2}{(4h-1)^2}$，而生产高质量产品的利润为 $\dfrac{1}{9}h - C$。因此，如果成本 C 足够大，则厂商生产高质量产品的利润将低于生产低质量产品的利润，那么这时生产低质量产品为厂商的最优策略；而如果成本 C 足够小，则厂商生产高质量产品的利润会高于生产低质量产品的利润，那么这时生产高质量产品就为厂商的最优策略。

可以计算出当 $C > \dfrac{1}{9}h - \dfrac{h^2}{(4h-1)^2}$ 时，厂商的最优策略为选择生产低质量产品。而当 $C < \dfrac{1}{9}h - \dfrac{h^2}{(4h-1)^2}$ 时，厂商的最优策略为选择生产高质量产品。

4.3.4　厂商质量博弈的纳什均衡

知道厂商的最优反应后，我们就可以得到这个质量博弈的纳什均衡解。设 $\bar{C}=\dfrac{h(2h-1)^2}{(4h-1)^2}-\dfrac{1}{9}$，$\underline{C}=\dfrac{1}{9}h-\dfrac{h^2}{(4h-1)^2}$，可知当 $h>1$ 时，总有 $\bar{C}>\underline{C}$。

由前述分析我们可以看到，当 $C>\bar{C}$ 时，不论对手选择何种策略，厂商的占优策略总是生产低质量产品。因此，在提高质量的成本过高的情况下，市场出现的纳什均衡状态为两个厂商都选择生产低质量产品。

由此我们得到引理 1。

引理 1：如果高质量产品的质量水平过高，提高质量导致过于沉重的生产成本时，两个厂商都有动机生产低质量产品，市场形成低质量均衡。此时，每个厂商的产量均为 $x_l^l=\dfrac{1}{3}$；每个厂商的价格均为 $p_l^l=\dfrac{1}{3}$；每个厂商的利润均为 $\pi_l^l=\dfrac{1}{9}$。

当 $\underline{C}<C<\bar{C}$ 时，如果竞争对手选择了生产高质量产品，则厂商的理性选择是生产低质量产品；而如果竞争对手选择了生产低质量产品，则厂商的理性选择是生产高质量产品。也就是说，当提高质量的成本处于比较适中的区间时，市场的均衡状态是两个厂商分别选择一高一低两种质量水平，市场出现产品差异化均衡。

由此我们得到引理 2。

引理 2：如果高质量产品的质量水平定得比较适中，则厂商会选择生产质量差异化的产品，市场形成高低质量产品共存的均衡。此时低质量厂商的产量为 $x_l^2 = \dfrac{h}{4h-1}$，高质量厂商的产量为 $x_h^2 = \dfrac{2h-1}{4h-1}$；低质量厂商的产品价格为 $p_l^2(x_h, x_l) = \dfrac{h}{4h-1}$，高质量厂商的产品价格为 $p_h^2(x_h, x_l) = \dfrac{2h^2-h}{4h-1}$；低质量厂商的利润为 $\pi_l^2 = \dfrac{h^2}{(4h-1)^2}$，高质量厂商的利润为 $\pi_h^2 = \dfrac{h(2h-1)^2}{(4h-1)^2} - C$。

而当 $C < \bar{C}$ 时，不论对手选择何种策略，厂商的占优策略总是生产高质量产品。因此在提高质量的成本较低的情况下，市场出现的纳什均衡状态为两个厂商都选择生产高质量产品。

由此我们得到引理 3。

引理 3：如果高质量产品的质量水平较低，提高质量的成本比较低廉，则两个厂商都有动机生产高质量产品，市场形成高质量均衡。此时每个厂商的产量均为 $x_h^3 = \dfrac{1}{3}$；每个厂商生产产品的价格均为 $p_h^3 = \dfrac{1}{3}h$；每个厂商的利润均为 $\pi_h^3 = \dfrac{1}{9}h - C$。

综上，我们可以看到，厂商的质量博弈所能达成的均衡取决于生产高质量产品所需要投入的成本。如果这一成本过高，则双方都选择生产低质量产品；如果这一成本适中，则两家厂商会生产差异化的产品；如果这一成本较低，则双方都选择生产高质量产品。

由此我们得到命题 1。

命题 1：存在成本临界值 $\underline{C} = \dfrac{1}{9}h - \dfrac{h^2}{(4h-1)^2}$ 和 $\overline{C} = \dfrac{h(2h-1)^2}{(4h-1)^2} - \dfrac{1}{9}$，当 $C > \overline{C}$ 时，市场形成低质量产品均衡；当 $\underline{C} < C < \overline{C}$ 时，市场形成产品差异化均衡；当 $C < \underline{C}$ 时，市场形成高质量产品均衡（图 4-2）。

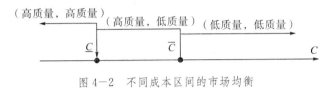

图 4-2　不同成本区间的市场均衡

　　厂商对产品质量的选择取决于生产高质量产品所需投入的成本。当提高质量的成本过高时，厂商投资生产高质量产品所带来的利润无法弥补提高质量的投入，因此两家厂商都没有动机投资生产高质量产品，市场中只存在低质量产品，呈现出低质量产品均衡。当成本适中时，两家厂商进行同质产品竞争并非最优选择，两家厂商生产差异化的不同质量的产品，以迎合不同消费者的偏好，反而可以从中获得更高利润，此时两家厂商将分别生产高质量产品和低质量产品，市场中既存在高质量产品又存在低质量产品，形成差异化均衡。而当提高质量的成本较小时，厂商提高质量的收益高于成本，两家厂商都能够通过生产高质量产品实现更高的利润，因此两家厂商都选择生产高质量产品，市场形成高质量产品均衡。

4.3.5 厂商决策的逻辑分析

下面我们进一步分析厂商决策的逻辑，可以得到一些推论。

首先我们可以看到，在竞争对手选择生产低质量产品时，若厂商选择生产低质量产品，则产品价格为 $p_l^1 = \frac{1}{3}$，市场份额为 $x_l^1 = \frac{1}{3}$；而若厂商选择生产高质量产品，则产品价格为 $p_h^2 = \frac{2h^2-h}{4h-1}$，市场份额为 $x_h^2 = \frac{2h-1}{4h-1}$。通过比较得知 $p_h^2 > p_l^1$，$x_h^2 > x_l^1$，因此在对手选择生产低质量产品的前提下，厂商生产高质量产品所能制定的价格以及所能获得的市场份额都将高于生产低质量产品，以致其生产高质量产品获得的收入高于生产低质量产品。这反映出消费者对高质量产品不仅具有更高的支付意愿，也具有更高的市场参与度。

然而此时厂商是否有动机一定选择生产高质量产品终究取决于净利润的大小，也就是要考虑扣除生产高质量产品的成本后，所得到的净利润是否比生产低质量产品更高。因此，提高产品质量的成本大小就在此起到关键作用。可以计算出当 $C > \overline{C}$ 时，厂商的最优策略为选择生产低质量产品。而当 $C < \overline{C}$ 时，厂商的最优策略为选择生产高质量产品。

而在竞争对手选择生产高质量产品时，若厂商选择生产低质量产品，则产品价格为 $p_l^2 = \frac{h}{4h-1}$，市场份额为 $x_l^2 = \frac{h}{4h-1}$；而

若厂商选择生产高质量产品，则产品价格为 $p_h^3 = \frac{1}{3}h$，市场份额

为 $x_h^3 = \frac{1}{3}$。通过比较得知 $p_h^3 > p_l^2$，$x_h^3 > x_l^2$，因此在竞争对手选择生产高质量产品的前提下，厂商生产高质量产品所能制定的价格以及所能获得的市场份额都将高于生产低质量产品，使其所获收入高于生产低质量产品。可以计算出当 $C > \bar{C}$ 时，厂商的最优策略为选择生产低质量产品。而当 $C < \underline{C}$ 时，厂商的最优策略为选择生产高质量产品。

因此，当提高质量的成本不太高时，只要竞争对手占据高质量定位，那么厂商就只有生产高质量产品才在产量和价格上更有优势，所以必须与对手进行相同的高质量定位。而如果提高质量的成本较高，尽管对手占据了高质量定位而厂商生产高质量产品也可以在价格和产量上更有优势，但是过高的成本完全抵消掉了生产高质量产品获得的收益，厂商也只能定位于低质量产品的生产。

所以，当 $C > \bar{C}$ 时，不论竞争对手选择何种策略，厂商的占优策略总是生产低质量产品。当 $C < \underline{C}$ 时，不论竞争对手选择何种策略，厂商的占优策略总是生产低质量产品。当 $\underline{C} < C < \bar{C}$ 时，如果竞争对手选择了生产高质量产品，则厂商的理性选择是生产低质量产品；而如果对手选择了生产低质量产品，则厂商的理性选择是生产高质量产品。

总结来看，事实上不论竞争对手生产低质量产品还是高质量产品，在不考虑生产成本的情况下厂商都有动机生产高质量产品。但是考虑到生产高质量产品所需要投入的成本，厂商就需要在高质量产品因质量溢价所获得的增量收益与提高质量投入所带来的增量成本之间进行权衡，比较对手生产低质量产品和高质量

产品两种情况下厂商的增量收益与增量成本之间的关系。

由此我们得到推论 1。

推论 1：由于消费者对高质量产品不仅具有更高的支付意愿，也具有更高的市场参与度，因此不管对手选择什么质量水平，厂商生产高质量产品总能比生产低质量产品得到更高的产品定价和市场份额，也就得到更高的收益。但是厂商的质量选择也取决于生产高质量产品的成本高低，如果这一成本过高，即使厂商有意愿生产高质量产品，也只能选择在低质量水平进行生产。

在产品差异化的均衡中，由前面章节论述得 $\pi_h^2 - \pi_l^2 = \frac{4h^2 - h - 4hC + C}{4h - 1}$，可算得当 $\underline{C} < C < \bar{C}$ 时，$\pi_h^2 - \pi_l^2 > 0$，也就是说，在产品差异化的均衡中，高质量厂商所得到的利润要高于低质量厂商所得到的利润。

由此我们得到推论 2。

推论 2：如果市场形成了差异化质量均衡，则占据高质量位置的厂商将比低质量厂商获得更多利润，处于相对优势，而低质量厂商则处于相对劣势。

由前文得 $\pi_l^2 - \pi_l^1 = \frac{(h-1)(1-7h)}{9(4h-1)^2} < 0$，即产品差异化均衡时，低质量厂商的收益或利润要低于低质量均衡时厂商的收益或利润。这是由于在信息完全的市场中，产品差异化市场中消费者对高质量产品赋予更高的支付意愿，同时消费者能分清他们愿意支付高价格的产品，高质量厂商不论是在价格制定上还是在市场份额占有上都比低质量厂商更占优势，在此情况下低质量厂商就被高质量厂商夺走了一部分市场并被压低了价格，导致其市场价格低于低质量均衡时的情况 $p_l^2 < p_l^1$，且市场规模也低于低质量均衡时的情况 $x_l^2 < x_l^1$，从而处境遭到恶化。由此我们可以看到，

即使两种情况下同一个厂商都选择生产低质量产品，但是在产品差异化的均衡中，由于竞争对手选择高质量，则该厂商生产低质量产品就处于比较弱势的地位，比起大家都选择低质量的时候获得的收益要低。

由此可见，当对手选择生产高质量产品的时候，该厂商如果处于低质量定位，则无论是与竞争对手相比还是与双方都生产低质量产品的时候相比，其所得利润都更低，处于一个劣势的位置。因此，只要是生产高质量产品的成本允许出现分离均衡，则占据高质量定位就是厂商所更偏好的。然而形成分离均衡后，低质量厂商只能接受自己的定位，毕竟这时候再强行提高质量所获得的增量收益无法弥补升级产品质量所投入的增量成本。因此，作为理性的生产决策者，厂商也只有接受低质量的产品定位。

由此我们得到推论 3。

推论 3：由于消费者对高质量厂商具有更高的支付意愿和参与度，如果有厂商从市场只有低质量产品的均衡中偏离，独自生产高质量产品，则继续生产低质量产品的厂商会因消费者对自己产品的支付意愿和参与度的降低而导致利润降低。

当市场自发的均衡为产品差异化均衡时，由前文得 $\pi_h^2 - \pi_h^3$ $= \dfrac{h(h-1)(5h-2)}{9(4h-1)^2} > 0$，即产品差异化状态下高质量厂商的利润高于双方都生产高质量产品时的利润。由于两种情况下的成本相同，因此产品差异化状态下高质量厂商的收益也高于都生产高质量产品时的收益。通过分析两种情况下高质量厂商的产品价格和市场份额，可得 $x_h^2 > x_h^3$，$p_h^2 > p_h^3$，由此我们可以看到，当作为市场中唯一的高质量厂商时，厂商所能得到的市场份额和产品价格都更高。于是，即使两种情况下同一个厂商都选择生产高质量产品，但是在产品差异化的均衡中，由于竞争对手选择生产低

质量产品，则生产高质量产品的厂商就因为其作为唯一的高质量
厂商的地位而获得更高的收益。

由此得到推论 4。

推论 4：由于消费者对高质量厂商具有更高的支付意愿和参
与度，如果有厂商从市场只有高质量产品的均衡中偏离，独自生
产低质量产品，则继续生产高质量产品的厂商作为唯一的高质量
厂商更具优势，也因避免了高质量产品的同质竞争而获得比以前
更高的利润。

由厂商利润最大化的函数可得，在差异化市场中有 $x_h^2 = \dfrac{2h-1}{4h-1}$ 且 $x_l^2 = \dfrac{h}{4h-1}$，表明此时两家厂商的产量与双方产品的质量水平差异有关。并且，由 $\dfrac{\mathrm{d}x_h^2}{\mathrm{d}h} > 0$ 且 $\dfrac{\mathrm{d}x_l^2}{\mathrm{d}h} < 0$ 可知，随着产品质量差距的加大，生产高质量产品的厂商扩大生产，生产低质量产品的厂商减少生产。此时，在混合市场中生产高质量产品的厂商利润 $\pi_h^2 = \dfrac{h(2h-1)^2}{(4h-1)^2} - C$ 满足 $\dfrac{\mathrm{d}\pi_h^2}{\mathrm{d}h} > 0$，随着产品质量差异的增加可以获取更高利润；生产低质量产品的厂商利润 $\pi_l^2 = \dfrac{h^2}{(4h-1)^2}$ 满足 $\dfrac{\mathrm{d}\pi_l^2}{\mathrm{d}h} < 0$，随着产品质量差异的扩大而利润受损。

在高质量与低质量的混合市场中，两家厂商的产量与双方产
品的质量水平差异有关。当厂商通过成功的先期投资提高产品质
量时，产品的质量水平差异越大，厂商就越能够扩大生产规模，
同时价格也进一步提高，为其更高质量的产品获取更多的消费者
和更高的利润。相反，只能生产低质量产品的厂商会因为过大的
质量水平差异而被迫不断缩减产量，降低价格，自身利润也会不
断减少，尽管最终仍然会留在市场上。总体来看，产品质量水平
差异越大，市场中就有越多的消费者选择购买产品，总体的消费

群扩大，消费者剩余与社会总福利也会相应提高。

由此我们得到推论5。

推论5：在生产高质量产品的成本比较适中，从而能维持产品差异化均衡的市场状态下，高质量产品与低质量产品的相对质量差异越大，则高质量厂商越占据有利的位置，低质量厂商处境越差。

由厂商利润最大化的函数求得，当两家厂商都生产高质量产品时，产品产量分别为 $x_1 = x_2 = \dfrac{1}{3}$，价格为 $p_h^3 = \dfrac{1}{3}h$，可见产品价格随着质量水平的提高而上升。厂商利润 $\pi_h^3 = \dfrac{1}{9}h - C$ 满足 $\dfrac{\mathrm{d}\pi_h^3}{\mathrm{d}h} > 0$，说明企业利润将随着产品质量水平的提高而增加。进一步，我们有此时的消费者剩余 $CS_3 = \dfrac{2}{9}h$ 满足 $\dfrac{\mathrm{d}CS_3}{\mathrm{d}h} > 0$，和社会总福利 $SW_3 = \dfrac{4}{9}h - 2C$ 满足 $\dfrac{\mathrm{d}SW_3}{\mathrm{d}h} > 0$，表明消费者剩余与社会总福利也均会随着产品质量的提高而提高。

由此我们得到推论6。

推论6：在生产高质量产品的成本较低从而可以维持高质量均衡的状态下，产品质量越高，则厂商的收益越大，且对消费也越有利。

当两家厂商都选择生产高质量产品时，两家企业进行同质量产品的竞争，双方的生产规模已被确定。但是，若厂商在投资过程中能够提供更高质量的产品，将会促使产品的价格随着质量水平的提高而不断增加，从而获取更高的利润。然而，这并不会牺牲消费者的利益，产品质量的提高反而会使消费者剩余也相应增加，实现双赢，促进社会总福利的上升。

4.4　各种质量水平下的消费者剩余和社会总福利

4.4.1　低质量均衡市场中的消费者剩余和社会总福利

当两家厂商都选择生产低质量产品时，可计算得

消费者剩余 $CS_1 = \int_{\frac{1}{3}}^{1} \left(\theta - \frac{1}{3}\right) \mathrm{d}\theta = \frac{2}{9}$

社会总福利 $SW_1 = \int_{\frac{1}{3}}^{1} \left(\theta - \frac{1}{3}\right) \mathrm{d}\theta + \pi_1 + \pi_2 = \frac{4}{9}$

4.4.2　差异化均衡市场中的消费者剩余和社会总福利

当两家厂商分别生产一高一低两种产品时，可计算得

消费者剩余 $CS_2 = \int_{p_l}^{\theta^*} (\theta - p_l) \mathrm{d}\theta + \int_{\theta^*}^{1} (h\theta - p_h) \mathrm{d}\theta =$

$$\frac{4h^3 + h^2 - h}{2(4h-1)^2}$$

社会总福利 $SW_2 = \int_{p_l}^{\theta^*} (\theta - p_l)\mathrm{d}\theta + \int_{\theta^*}^{1} (h\theta - p_h)\mathrm{d}\theta + \pi_h$

$+ \pi_l = \frac{12h^3 - 5h^2 + h}{2(4h-1)^2} - C$

4.4.3　高质量均衡市场中的消费者剩余和社会总福利

当两家厂商都生产高质量产品时，可计算得

消费者剩余

$$CS_3 = \int_{\theta^*}^{1} (h\theta - p_h)\mathrm{d}\theta = \frac{2h}{9}$$

社会总福利

$$SW_3 = \int_{\theta^*}^{1} (h\theta - p_h)\mathrm{d}\theta + \pi_1 + \pi_2 = \frac{4}{9}h - 2C$$

4.4.4　各质量水平下消费者福利的比较

我们比较这几种均衡局面下的消费者剩余，有 $CS_1 < CS_2$

$<CS_3$。

由此可见，在信息对称的产量竞争市场中，厂商都生产高质量产品时消费者所得剩余最高，厂商进行差异化生产时消费者所得剩余次之，而厂商只生产低质量产品时消费者所得剩余最低。

可以看到，尽管厂商提高质量伴随着产品价格的上涨，但在提高质量的成本为固定成本的市场中，消费者因为产品质量提高而得到的好处超过了因价格上涨而承受的坏处，消费者剩余最终是提高的。这一结果与我们前文的分析保持一致。

4.5 质量标准的监管

4.5.1 可选择的监管方式

如引言所述，在不涉及人民群众健康安全的食品质量领域，政府可能仍有必要制定质量标准进行监管，而此种情况下监管者具有更多监管方式可选。如在我国国家标准体系中，既存在 GB 系列强制性标准，也存在 GB/T 系列推荐性标准。对于食品卫生等涉及人民群众健康安全的质量维度，我国要求实施强制性标准监管；而在不涉及人民群众健康安全的质量维度，则除了强制性标准监管还有其他监管方式可以选择。下文我们结合社会经济福利就监管方式的经济效应展开分析。

首先我们定义监管者可选的三种质量标准监管方式。

分级标准认证：政府设定不同质量水平等级所对应的分级标准，但并不强制要求所有产品达到标准，企业可依据自身产品质量水平自愿申报对应的标准认证。在本章分析框架下，该监管方式使市场产品质量保持在市场自发形成的均衡质量水平。

推荐性标准监管：政府设定较高的产品标准，但并不强制要求所有产品达标。本章我们假设政府会通过产业补助、政府合同或是对体制内单位的行政命令等方式引导一部分企业率先达到该标准，但并不要求所有企业达标。在本章分析框架下，该监管方式使双寡头市场中一家厂商生产高质量产品，另一家厂商生产低质量产品。

强制性标准监管：政府设置较高的质量标准并强制要求所有企业达标，对不达标的企业施以处罚。在本章分析框架下，该监管方式使双寡头市场中所有企业都生产高质量产品。

该系列定义或许在实践中因场景不同存在内涵的差异，上述三个定义仅针对本书的分析框架。

4.5.2 三种监管方式下的社会福利

如前文所举的例子，如果通过极其高昂的固定投资将全国其他蟹类养殖的湖泊全部人为改造成阳澄湖那种得天独厚的自然条件，让全国只生产阳澄湖品质的大闸蟹，禁止其他品质的大闸蟹上市，虽然有可能提高消费者剩余，然而其所付出的社会成本是极其高昂的，对全社会来说可能得不偿失。因此关于这一类情况

的质量标准监管，我们需要结合社会收益与社会成本的比较从全
社会整体福利的角度来进行评估。

　　由于提高产品质量所耗费的成本不同会导致市场自发形成三
种质量均衡状态，下文结合不同的市场均衡状态就三种监管方式
对社会福利的影响进行分析。根据本章对三种监管方式的定义，
我们假设：在低质量均衡状态下，分级质量认证不改变市场原有
均衡；推荐性标准监管则使得一家厂商生产高质量产品，另一家
厂商不变；而强制性标准监管则使得两家厂商都生产高质量产
品。在一高一低的差异化质量均衡状态下，分级质量认证和推荐
性质量标准不改变原有市场均衡；强制性标准则使得两家厂商都
生产高质量产品。在高质量均衡状态下，三种监管方式都不改变
市场已经形成的高质量均衡。

　　由于原有的市场均衡实际上各自对应的是生产高质量产品不
同的成本区间。我们若在每一个成本区间中对不同监管方式所达
到的社会福利进行比较，也就等同于在每个成本区间比较三种可
能的市场均衡的社会福利：SW_1、SW_2、SW_3。由此我们可以
得到如下一些命题。

　　命题2：当生产高质量产品需要投入比较高昂的成本时，分
级标准认证和推荐性标准监管将比强制性标准监管达到更高的社
会福利。即在信息完全的产量竞争市场环境下，当市场自发形成
产品差异化均衡或低质量均衡时，分级标准认证和推荐性标准监
管将比强制性标准监管达到更高的社会福利。即当$C > \bar{C}$时，社
会总福利有$SW_1 > SW_3$且$SW_2 > SW_3$。

　　可以看到，在生产高质量产品需要的固定成本投资过大，即
$C > \bar{C}$的条件下，生产高质量产品的收益小于成本，以利润最大
化为目标的两家厂商都不愿意生产高质量产品。则此时政府的监

管方式将会决定市场均衡与社会总福利。如果政府只采取分级标准认证，则两家厂商最终会生产低质量产品，市场呈现低质量的混同均衡，此时的社会总福利为 $SW_1 = \dfrac{4}{9}$；如果政府采取推荐性标准监管，既要求其中一家厂商生产高质量产品又允许另一家厂商生产低质量产品，则会形成市场的分离均衡，此时社会福利为 $SW_2 = \dfrac{12h^3 - 5h^2 + h}{2(4h-1)^2} - C$；如果政府采取强制性标准监管，要求两家厂商都必须进行固定成本投资以生产高质量产品，则两家厂商都只能生产高质量产品并使市场最终呈现高质量产品的混同均衡，此时社会福利为 $SW_3 = \dfrac{4}{9}h - 2C$。比较三种政府监管策略下的社会总福利，则明显有 $SW_1 > SW_3$ 且 $SW_2 > SW_3$，这表明在固定成本过高的情况下，分级标准认证和推荐性标准监管将比强制性标准监管达到更高的社会福利。

从现实来看，阳澄湖大闸蟹的体大、肥美很大程度上得益于阳澄湖得天独厚的自然条件。阳澄湖水质澄清，阳光透底，水草丰茂，气候得宜，且含有丰富的矿物元素，非常适合繁育顶级品质的大闸蟹。然而，在上述自然条件不足的地区，如果强制要求所有或部分生产者的蟹品达到阳澄湖大闸蟹的等级，将面临极大的自然条件制约。即使通过投入极其高昂的成本将当地湖泊的自然条件人为改造成阳澄湖的标准在技术上可行，对全社会而言或许也会因成本过于高昂而得不偿失。当然，这一结论更适用于螃蟹的体积、口感这类并不涉及人民群众健康安全的质量维度，食品卫生、有害物含量等涉及人民群众健康安全的质量维度则需要强制性标准监管守住食品安全的底线，本章仅在前者范畴内展开分析探讨。

命题3：当生产高质量产品需要投入比较高昂的成本时，在某个成本范围内推荐性标准监管可能是政府所能采取的最优监管方式。当生产高质量产品需要投入的成本高昂到市场只有意愿提供低质量产品时，如果成本还不至于高昂到特别极端的程度，即 $\overline{C}<C<\hat{C}\left(\hat{C}=\dfrac{12h^3-5h^2+h}{2\,(4h-1)^2}-\dfrac{4}{9}\right)$ 时，推荐性标准监管将比分级标准认证和强制性标准监管都能达到更高的社会福利。亦即当 $\overline{C}<C<\hat{C}$ 时，社会总福利有 $SW_2>SW_1>SW_3$。

当 $\overline{C}<C<\hat{C}$ 时，推荐性标准监管能够提高社会福利。在食品市场信息完全的情况下，生产高质量产品的固定成本投资足够高昂但又不是极端高昂时，即 $\overline{C}<C<\hat{C}$ 时，市场中的厂商只愿意提供低质量产品，市场中的消费者也知道自己购买的是低质量产品。此时，政府强行要求全部厂商或部分厂商生产高质量产品，会有 $SW_2>SW_1>SW_3$。如果政府强行要求全部厂商生产高质量产品，一方面会造成企业利润的下降，另一方面产品价格提高会使消费者福利提升有限，最终社会总福利下降。如果只要求部分厂商生产合格产品，会形成高质量和低质量的混合市场，但比强制性标准监管带来的利润损失更小，同时也避免购买低质量产品的消费者退出市场。推荐性标准监管带来的消费者福利的增加高于单个厂商的利润损失，最终促使社会总福利上升。此时，推荐性标准监管可以在某种程度上矫正企业的行为，促使社会福利提高，而强制性标准监管仍然会造成社会福利损失。

命题4：当生产高质量产品需要投入的成本极端高昂或刚好适中的时候，分级标准认证可能是最好的监管方式。这里包含了两种情况，一是在提高质量的成本高昂到市场只愿意提供低质量产品时，如果这一成本还进一步地高昂到了一种特别极端的程度，则政府采取分级标准认证可以得到比推荐性标准监管和强制性标准监管更高的社会福利；二是当提高质量的成本比较适中以致市场自发形成产品差异化均衡时，继续保持这种差异化的存在且不强行要求低质量厂商达标可以达到比强制性标准监管更高的社会福利。即 $C>\hat{C}$ 时，有 $SW_1>SW_2>SW_3$；$\underline{C}<C<\overline{C}$ 时，有 $SW_1>SW_3$。

当两家厂商都只愿意生产低质量产品时，若生产高质量产品所需的固定成本处在相对较高的水平，即 $C>\hat{C}$ 时，分级标准认证是实现社会福利最大化的途径。在食品市场信息完全的情况下，生产高质量产品的固定成本投资在厂商的意愿投资之外且处于相对较高水平时，即 $C>\hat{C}$ 时，市场中的厂商只愿意提供低质量产品，市场中的消费者也知道自己购买的是低质量产品，此时强行要求全部厂商或部分厂商生产高质量产品，会有 $SW_1>SW_2>SW_3$。此时，强制性标准监管会造成生产高质量产品的利润远低于生产低质量产品所获得的，强制性标准监管给两家厂商带来的损失大于消费者福利增加的收益，社会总福利下降。相应的，推荐性标准监管也会给部分厂商带来同样的问题。此时，强制性标准监管所达致的社会福利低于推荐性标准监管或分级标准认证，而分级标准认证则是符合社会总福利最优的策略选择。

当 $\underline{C}<C<\overline{C}$ 时，市场中一家厂商愿意生产高质量产品而另一家厂商则生产低质量产品，此时若不考虑厂商技术水平的差异，推荐性标准监管和分级标准认证带来的结果是一样的。这时候，提高市场产品的整体质量水平可以提高消费者所能享有的产品质量，虽然提高质量伴随着产品价格上涨，但是价格上涨的坏处最终被产品质量提高的好处所抵消，对消费者而言其净剩余是

提高的。而对两个厂商而言，此时强制性提高低质量厂商的质量是不利的。因为既然理性的低质量厂商在博弈中选择了生产低质量产品，则明显生产高质量产品会降低利润。而对高质量厂商而言，如我们前述的分析，由于在产品差异化的局面下可以避免高质量产品同质竞争，这时候作为市场中唯一的高质量厂商不论是价格还是市场份额都更占优势，因此对其而言作为产品差异化下的高质量厂商所得利润要高于高质量同质竞争下的利润。由此，强制性提高质量对两家厂商而言利润都降低了。但也正因为高质量厂商的产品价格下降，消费者才得以改善处境。最终厂商利润的降低抵消了消费者剩余增加，社会整体福利降低，我们有 $SW_1 > SW_3$，即严格监管会导致社会总福利的下降。

图 4-3 描述了不同成本区间的最优监管方式，直观表述了上述系列命题的内涵。

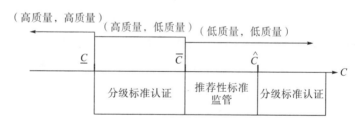

图 4-3　不同成本区间的最优监管方式

综合以上命题，我们可以得到定理 1 和定理 2。

定理 1：在消费者可以识别产品质量的完全信息市场中，当市场因为提高质量的成本较高而形成高质量和低质量产品并存的差异化均衡时，市场已经自发实现了社会最优。这种情况下分级标准认证可以实现社会福利最大化。

定理 2：在消费者可以识别产品质量的完全信息市场中，当市场因为提高质量的成本较高而形成只有低质量产品的均衡时，市场自发实现社会最优或者存在效率损失都是有可能的。这种情况下，如果提高质量的成本极端高昂，则分级标准认证可以实现社会福利最大化；而如果提高质量的成本较高却又不至于极端高昂，则推荐性标准监管可以实现社会福利最大化。

4.6　结论

本章通过对垂直差异化产品市场环境中厂商的竞争策略以及关于质量标准的监管方式进行分析，发现在信息完全的市场中，实现社会福利最大化的质量标准监管方式与生产高质量产品的成本相关。

在完全信息的市场中，如果市场自发形成同时存在高质量和低质量两类产品的差异化均衡时，分级标准认证将比强制性标准监管带来更高的社会福利。这种情况下，厂商往往是基于技术水平较低、提高产品质量所需的成本投资过大等原因，选择生产低质量产品。此时，强制性标准监管所导致的过高的生产成本甚至会超过消费者福利的增加，最终导致社会总福利的下降。而分级质量认证在这种情况下则可以达到更高的社会福利。

另外，我们发现了推荐性标准监管所适用的环境，在市场自发形成只有低质量产品的均衡时，即便市场信息是完全的，此时市场自发形成的均衡质量水平也未能达到社会最优。这种情况发生在提高质量的成本较高但也并非极端高昂的成本区间。在这个成本区间内，市场自发均衡会使消费者买不到高质量产品而降低福利，强制性标准监管又会让行业承担过重的成本而降低福利，但是推荐性标准监管让部分厂商生产高质量产品，是一个恰好可以使市场达到最优的监管选择。

对于食品卫生、有害物含量等涉及人民群众健康安全的食品质量维度，必须以强制性标准监管守住食品安全的底线；对于口感、品位等不涉及人民群众健康安全的质量维度，我们通过本章分析可见其仍然需要政府实施质量标准的监管。这是由于市场机制存在一定的局限性，厂商的竞争策略仅仅从自身利益最大化的角度出发，有时候市场自发形成的质量水平并不能达到社会最优，从而导致效率损失。此时即使这类质量维度并不涉及人民群众的健康安全，政府也有必要在某些情况下采取质量标准监管来弥补市场机制的缺陷，增进社会福利。本章的分析结果说明政府实施质量标准的监管可以改进社会福利，可见某些情况下市场自发形成的均衡质量水平并不能达到社会最优，有必要引入政府对于质量标准的监管。

与此同时，监管者也需要结合实际情况选择最合适的监管方式。从实践中看，科尔沁牛肉和阳澄湖大闸蟹的品质都得益于当地得天独厚的自然条件，并且也经过数十年的经营积累才达到今日的品质。如果在缺乏类似自然条件的地区强制性要求当地产品品质达到这种顶级标准，即便地方上努力改造相应的自然条件在技术上可行，其所耗费的极其高昂的社会成本对全社会而言也得不偿失。因此从社会福利的角度，监管者可以考虑结合具体实际在分级标准认证、推荐性标准监管和强制性标准监管之间选择最优监管方式。

需要指明的是，本章设定市场信息是完全的，该假设下消费者可以准确识别不同产品的质量水平，自愿购买适合自身需求的产品类别。鉴于现实中某些情况下消费者难以充分掌握产品的质量信息，下一章将进一步探讨市场信息不完全的情况下最优的质量标准监管方式。需要说明的是，本章仅从经济效应的角度尝试提供一个参考视角，食品质量最优监管方式需要各学科从多个角度进行综合评估，经济性评估只是其中一个角度。

5 不完全信息市场中的食品质量标准监管

　　本章我们进一步考察在不完全信息市场中食品质量标准的监管。食品质量涉及诸多维度，外观上的质量容易观测，口感质量也可以在多次消费比对后得以识别，然而营养方面的质量对于缺乏专业知识的大众消费者而言，即使经过长期消费也不一定能够得以准确识别。食品的质量维度较为复杂，很多质量维度是普通消费者难以准确识别的，信息不完全的特征在食品行业较为明显。而信息不完全的特征更有可能导致市场机制的失效，使得这时候政府的监管更有必要性。

　　这里的逻辑在于，在不完全信息市场中如果缺乏监管，消费者由于无法准确辨别高质量产品和低质量产品，只能根据经验推测市场的平均质量或期望质量水平，对市场所有产品的支付意愿都以期望质量水平为准。期望质量水平位于高质量和低质量之间，导致高质量产品只能接受消费者较低的支付意愿，而低质量产品则可以取巧获取消费者较高的支付意愿，这就出现了低质量产品对高质量产品搭便车的现象。不完全信息市场中高质量产品被低质量产品搭便车的现象会导致厂商缺乏提高质量的动机，这是由于生产高质量产品的厂商不能获取提高质量所应获取的回报。因此，不完全信息市场更有可能使市场长期处于低质量均衡，且这种均衡无法实现社会最优，进而导致社会福利的损失。这种情况下，政府关于质量标准的监管可能会更有必要，并且可能更多情况下需要实施强制性标准监管。

本章将考虑信息不完全的因素，基于不完全信息市场产品差异化竞争的框架，探讨该情况下厂商制定产品质量的策略以及政府如何实施质量标准监管可以改进社会福利。

5.1　基本模型设定

考虑一个信息不完全的市场，市场中有两家厂商——厂商 1 和厂商 2，生产同种产品，厂商 1 选择生产的产品质量为 q_1，数量为 x_1；厂商 2 选择生产的产品质量为 q_2，数量为 x_2。θ 表示消费者对于产品每单位质量的支付意愿，消费者按照各自的偏好 θ 均匀分布在长度为 1 的线段 $(0, 1)$ 上，并且每位消费者对产品有且仅有单位需求。在信息不完全的市场中，消费者虽然无法判断每件产品的质量水平，但可以根据经验推断市场总体的期望质量水平。消费者的购买决策是根据消费后所得的期望效用进行的。

在信息不完全的情况下，消费者因为缺乏相关专业知识而难以判断具体某件产品的质量，但厂商由于具有专业知识可以辨认彼此的产品质量。我们设定高质量厂商生产的产品质量为 h 且

有 $h > 1$。低质量厂商生产的产品的质量标准化为 1。政府首先制定标准，然后厂商确定产品质量 q_i，最后厂商确定产量 x_i。

发生时序为：

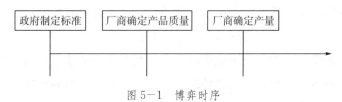

图 5-1　博弈时序

在不完全信息市场中，消费者的购买行为取决于购买产品所获期望效用。消费者购买到某种质量产品的概率等同于这种质量产品在市场中所占比例。消费者有 $\dfrac{x_l}{x_l + x_h}$ 的概率购买到低质量产品，消费低质量产品获得的效用为 $1 \cdot \theta$，消费者净效用为 $U_l = \theta - p$。消费者有 $\dfrac{x_h}{x_l + x_h}$ 的概率购买到高质量产品，获得的效用为 $h \cdot \theta$，消费者净效用为 $U_h = \theta h - p$。因此，我们得到消费者购买该产品的期望净效用为 $EU = \dfrac{x_l}{x_l + x_h} \cdot \theta + \dfrac{x_h}{x_l + x_h} \cdot h\theta - p$。

下面我们分三种情况讨论产品价格的表达式：

（1）市场上只有低质量产品的情况：

消费者清楚市场上所有产品都是低质量的，即 $q_1 = q_2 = 1$

此时消费者购买一单位产品所得的效用为 $U_l = \theta - p_l$

因此购买最后一单位产品的边际消费者 $\tilde{\theta} = p_l$

此时消费者对整个市场的购买量为 $1 - \tilde{\theta}$

由此可知，若市场上只有低质量产品时，$x_1 + x_2 = 1 - p_l$

我们把这种情况下的市场价格设为 p_l^1，则可得到低质量均

衡的市场上产品价格为 $p_l^1 = 1 - x_1 - x_2$

（2）市场上有一高一低两种质量的产品：

消费者此时购买一单位产品所得的期望效用为

$$EU = \frac{x_l}{x_l + x_h} \cdot \theta + \frac{x_h}{x_l + x_h} \cdot h\theta - p$$

对市场中的消费者来说，只要期望净效用不小于零，就会购买产品。因此，对购买最后一单位产品的边际消费者 $\bar{\theta}$，有 $EU = 0$，得

$$\bar{\theta} = \frac{p(x_h + x_l)}{x_l + h \cdot x_h}$$

表明在 $(0, \bar{\theta})$ 上的消费者均不购买任何产品，而在 $(\bar{\theta}, 1)$ 上的消费者都选择购买产品。

可知该产品占的市场总份额为 $x_l + x_h = 1 - \bar{\theta}$，得

$$\bar{\theta} = 1 - x_l - x_h = \frac{p(x_h + x_l)}{x_l + h \cdot x_h}$$

则可得到产品差异化市场的产品价格为

$$p^2 = \frac{(1 - x_l - x_h)(h \cdot x_h + x_l)}{x_l + x_h}$$

（3）市场上只有高质量产品的情况：

消费者清楚市场上所有产品都是高质量的，即 $q_1 = q_2 = h$

此时消费者购买一单位产品所得的效用为 $U_h = \theta - p_h$

因此购买最后一个产品的边际消费者 $\hat{\theta} = p_h$

此时消费者对整个市场的购买量为 $1 - \hat{\theta}$

由此可知，若市场上只有低质量产品时

$$x_1 + x_2 = 1 - p_h$$

我们把这种情况下的市场价格设为 p_h^3，则可得到高质量产品均衡市场上的产品价格为

$$p_h^3 = 1 - x_1 - x_2$$

5.2 无监管状态下的市场均衡

5.2.1 厂商的最优化问题

厂商进行产品质量的提高一般需要在生产前投资，包括置备更先进的生产设备，引进更完善的质量控制体系，对员工进行专

业技能培训等，此时厂商控制产品质量的成本为固定成本。这里我们假定产品的质量水平是由厂商的先期投资决定的，控制产品质量的成本表现为固定成本。这一固定成本即厂商的沉没成本，其不会受生产规模的影响，厂商在生产经营活动阶段的决策也不再影响该沉没成本。

此时，厂商生产低质量产品需要投入的固定成本为 C_L，生产高质量产品需要投入的固定成本为 C_H，由于生产高质量产品需要有更先进的生产设备或更严格的生产环境管理等前期投入，需要更高的前期固定成本投入，明显有 $C_H - C_L > 0$。不失一般性，令 $C_L = 0$，则可得到 $C = C_H - C_L = C_H$。

为求解该博弈的子博弈精炼纳什均衡解，我们采用倒推法先找到第二阶段的纳什均衡。在博弈第二阶段，两个厂商进行产量竞争，在各自的生产条件确定的情况下确定产量。厂商面临的最大化利润问题为

$$\max_{x_i} \ \pi \ (x_i, x_j) = p \ (x_i, x_j) \cdot x_i - C_i$$

一阶条件（F.O.C）为

$$p \ (x_i, x_j) \cdot 1 + p'_{x_i} \ (x_i, x_j) x_i = 0$$

我们再考察第一阶段厂商如何选择质量。由于厂商实行产量竞争，厂商不必然如价格竞争的情况下实行产品差异化，因此可以在同等质量水平下生产相同的产品。这样厂商 1 和厂商 2 就可以有四组策略组合，分别是：①厂商 1 选择低质量，厂商 2 选择低质量；②厂商 1 选择低质量，厂商 2 选择高质量；③厂商 1 选

择高质量，厂商 2 选择低质量；④厂商 1 选择高质量，厂商 2 选择高质量。

5.2.2　厂商在各策略组合下所得支付

为了求得这个博弈过程的纳什均衡解，我们还需要计算出厂商在这三种情况下分别得到的支付。下面我们就分别计算出这四种策略组合下的支付矩阵。

由于这四组策略组合使得厂商的博弈可能出现三种结果，即都选择高质量、都选择低质量和一个选择高质量另一个选择低质量，那么我们可以分三种情况来进行计算。

（1）当两家厂商都生产低质量产品时：

这时候市场上只有同质的低质量产品存在，两家厂商所生产产品的价格也一样都是此时低质量产品所对应的价格，即

$$p_l^1 = 1 - x_1 - x_2$$

此时两个厂商各自利润最大化的目标函数为

$$\max_{x_1} \pi_1^1 = p_l^1 x_1 = (1 - x_1 - x_2) x_1$$
$$\max_{x_2} \pi_2^1 = p_l^1 x_2 = (1 - x_1 - x_2) x_2$$

通过联立其一阶条件方程组，我们可以得到两家厂商所决定的产量规模为

$$x_1 = x_2 = x_l^1 = \frac{1}{3}$$

由此得到两家厂商产品的价格为

$$p_l^1 = 1 - x_1 - x_2 = \frac{1}{3}$$

可以计算出这种情况下两家厂商各自所获利润为

$$\pi_1 = \pi_2 = \pi_l^1 = \frac{1}{9}$$

因此，当厂商都做出生产低质量的决策时，各自所得的支付均为 $\frac{1}{9}$。

（2）当一家厂商选择生产低质量产品，而另一家厂商选择生产高质量产品时：

这时候两家厂商都面临相同的市场价格，即

$$p^2 = \frac{(1 - q_l - q_h)(q_l + h q_h)}{q_l + q_h}$$

低质量厂商面对的利润最大化目标函数为

$$\max_{x_l} \pi_l^2 = p^2 x_l = (1 - x_h - x_l) x_l$$

高质量厂商面对的利润最大化目标函数为

$$\max_{x_h} \pi_h^2 = p^2 x_h - C = (h - h x_h - x_l) x_h - C$$

通过联立其一阶条件方程组，我们可以得到两家厂商所决定的产量规模分别为

高质量厂商的产量

$$x_h^2 = \frac{4\sqrt{h^2 - h + 1} + 4h - 8}{18(h-1)}$$

低质量厂商的产量

$$x_l^2 = \frac{2}{3} - \frac{4\sqrt{h^2 - h + 1} + 4h - 8}{18(h-1)}$$

由此得到两家厂商产品的价格为

$$p^2 = \frac{\sqrt{h^2 - h + 1} + h + 1}{9}$$

可以计算出这种情况下两家厂商各自所获利润为

高质量厂商的利润

$$\pi_h^2 = \frac{(4h^2 - 4h - 2) + (4h - 2) \cdot \sqrt{h^2 - h + 1}}{81(h-1)} - C$$

低质量厂商的利润

$$\pi_l^2 = \frac{(2h^2 + 4h - 4) + (2h - 4) \cdot \sqrt{h^2 - h + 1}}{81(h - 1)}$$

因此，当厂商各自分别生产高质量产品和低质量产品时，高质量厂商所得到的支付为 $\frac{(4h^2 - 4h - 2) + (4h - 2) \cdot \sqrt{h^2 - h + 1}}{81(h - 1)} - C$，低质量厂商所得到的支付为 $\frac{(2h^2 + 4h - 4) + (2h - 4) \cdot \sqrt{h^2 - h + 1}}{81(h - 1)}$。

（3）当两家厂商都生产高质量产品时：

这时候市场上只有同质的高质量产品存在，两家厂商所生产产品的价格也一样，都是此时高质量产品所对应的价格，即

$$p_h^3 = h - hx_1 - hx_2$$

此时两个厂商各自利润最大化的目标函数为

$$\max_{x_1} \pi_1^3 = (h - hx_1 - hx_2) x_1 - C$$
$$\max_{x_2} \pi_2^3 = (h - hx_1 - hx_2) x_2 - C$$

通过联立其一阶条件方程组，我们可以得到两家厂商所决定的产量规模为

$$x_1 = x_2 = x_h^3 = \frac{1}{3}$$

由此得到两家厂商产品的价格为

$$p_h^3 = h - hx_1 - x_2 = \frac{1}{3}h$$

可以计算出这种情况下两家厂商各自所获利润为

$$\pi_1 = \pi_2 = \pi_h^3 = \frac{1}{9}h - C$$

因此，当厂商都做出生产高质量的决策时，各自所得的支付均为 $\frac{1}{9}h - C$。

综上，我们可以得到这个博弈的支付矩阵（表5-1）：

表5-1　厂商博弈的支付矩阵

		厂商2	
		低质量	高质量
厂商1	低质量	$\left(\dfrac{1}{9},\dfrac{1}{9}\right)$	$\left(\dfrac{(2h^2+4h-4)+(2h-4)\cdot\sqrt{h^2-h+1}}{81(h-1)},\ \dfrac{(4h^2-4h-2)+(4h-2)\cdot\sqrt{h^2-h+1}}{81(h-1)}-C\right)$
	高质量	$\left(\dfrac{(4h^2-4h-2)+(4h-2)\cdot\sqrt{h^2-h+1}}{81(h-1)}-C,\ \dfrac{(2h^2+4h-4)+(2h-4)\cdot\sqrt{h^2-h+1}}{81(h-1)}\right)$	$\left(\dfrac{1}{9}h-C,\dfrac{1}{9}h-C\right)$

5.2.3　厂商质量博弈的最优反应

我们可以从厂商的支付矩阵中找到一个纳什均衡，以判断最终的博弈结果是上述三种情况中的哪种情况。为求这个纳什均衡，我们需要判断厂商针对竞争对手的选择所做出的最优反应。

首先，我们研究当竞争对手选择生产低质量产品时厂商所对应的最优选择。从收益矩阵中可以看到，若竞争对手选择了生产低质量产品，则厂商生产低质量产品的利润为 $\frac{1}{9}$，而生产高质量产品的利润为 $\frac{(4h^2-4h-2)+(4h-2)\cdot\sqrt{h^2-h+1}}{81(h-1)}-C$。因此，从两种情况下厂商利润的表达式看，厂商选择生产何种质量就与提高质量的成本 C 相关。如果成本 C 足够大，则厂商生产高质量产品的利润将低于生产低质量产品的利润，那么这时生产低质量产品为厂商的最优策略；如果成本 C 足够小，则厂商生产高质量产品的利润会高于生产低质量产品的利润，那么这时生产高质量产品就为厂商的最优策略。

具体的，我们可以计算出当 $C>\bar{C}$[①] 时，厂商的最优策略为选择生产低质量产品。而当 $C<\bar{C}$ 时，厂商的最优策略为选择生产高质量产品。

若竞争对手选择生产高质量产品，则厂商生产低质量产品的

---

① $\bar{C}=\dfrac{(4h^2-13h+7)+(4h-2)\cdot\sqrt{h^2-h+1}}{81(h-1)}$。

利润为 $\dfrac{(2h^2+4h-4)+(2h-4)\cdot\sqrt{h^2-h+1}}{81(h-1)}$，而生产高质量

产品的利润为 $\dfrac{1}{9}h-C$。因此，如果成本 C 足够大，则厂商生产高质量产品的收益将低于生产低质量产品的收益，那么这时生产低质量产品为厂商的最优策略；如果成本 C 足够小，则厂商生产高质量产品的收益会高于生产低质量产品的收益，那么这时生产高质量产品就为厂商的最优策略。

具体的，我们可以计算出当 $C>\underline{C}$[①] 时，厂商的最优策略为选择生产低质量产品。而当 $C<\underline{C}$ 时，厂商的最优策略为选择生产高质量产品。

5.2.4 厂商质量博弈的纳什均衡

由前述分析我们可以看到，当 $C>\bar{C}$ 时，不论对手选择何种策略，厂商的占优策略总是生产低质量产品。因此，在提高质量的成本过高的情况下，市场出现的纳什均衡状态为两个厂商都选择生产低质量产品。

由此我们得到引理 1。

引理 1：在信息不完全的双寡头产量竞争市场中，如果高质量产品的质量水平过高，提高质量会导致过于沉重的生产成本

---

① 当 $1<h<2$ 时，$\underline{C}=\dfrac{7h^2-13h+4+2\sqrt{4-8h+9h^2-5h^3+h^4}}{81(h-1)}$；当 $h>2$ 时，

$\underline{C}=\dfrac{7h^2-13h+4-2\sqrt{4-8h+9h^2-5h^3+h^4}}{81(h-1)}$。

时，两个厂商都有动机生产低质量产品，市场形成低质量均衡。

此时每个厂商的产量均为 $x_l^1 = \frac{1}{3}$，每个厂商的价格均为 $p_l^1 = \frac{1}{3}$，

每个厂商的利润均为 $\pi_l^1 = \frac{1}{9}$。

当 $\underline{C} < C < \overline{C}$ 时，如果对手选择了生产高质量产品，则厂商的理性选择是生产低质量产品；而如果对手选择了生产低质量产品，则厂商的理性选择是生产高质量产品。也就是说，当提高质量的成本处于比较适中的区间时，市场的均衡状态是两个厂商分别选择一高一低两种质量水平，市场出现产品差异化均衡。

由此我们得到引理 2。

引理 2：如果高质量产品的质量水平定得比较适中，则厂商会选择生产质量差异化的产品，市场形成高低质量产品共存的均衡。

此时，低质量厂商的产量为 $x_l^2 = \frac{2}{3} - \frac{4\sqrt{h^2-h+1}+4h-8}{18(h-1)}$，高质

量厂商的产量为 $x_h^2 = \frac{4\sqrt{h^2-h+1}+4h-8}{18(h-1)}$；市场上产品价格为

$p^2 = \frac{\sqrt{h^2-h+1}+h+1}{9}$；低质量厂商的利润为 $\pi_l^2 =$

$\frac{(2h^2+4h-4)+(2h-4)\sqrt{h^2-h+1}}{81(h-1)}$，高质量厂商的利润为 π_h^2

$= \frac{(4h^2-4h-2)+(4h-2)\sqrt{h^2-h+1}}{81(h-1)} - C$。

而当 $C < \overline{C}$ 时，不论对手选择何种策略，厂商的占优策略总是生产高质量产品。因此，在提高质量的成本较低的情况下，市场出现的纳什均衡状态为两个厂商都选择生产高质量产品。

由此我们得到引理 3。

引理 3：如果高质量产品的质量水平较低，提高质量的成本

比较低廉，则两个厂商都有动机生产高质量产品，市场形成高质量均衡。此时每个厂商的产量均为 $x_h^3 = \frac{1}{3}$，每个厂商生产产品的价格均为 $p_h^3 = \frac{1}{3}h$，每个厂商的利润均为 $\pi_h^3 = \frac{1}{9}h - C$。

综上，我们可以看到厂商的质量博弈所能达成的均衡取决于生产高质量产品所需要投入的成本。如果这一成本过高，则双方都选择生产低质量产品；如果这一成本适中，则双方会生产差异化的产品；如果这一成本较低，则双方都选择生产高质量产品。

由此我们得到命题1。

命题1：存在成本临界值 $\underline{C}$ 和 $\bar{C}$，当 $C > \bar{C}$ 时，市场形成低质量产品均衡；当 $\underline{C} < C < \bar{C}$ 时，市场形成差异化质量均衡；当 $C < \underline{C}$ 时，市场形成高质量产品均衡（图5-2）。

图5-2　不同成本区间的市场均衡

从求解纳什均衡的分析过程可以看到，与信息完全时一样，厂商对产品质量的选择取决于生产高质量产品所需投入的成本。当提高质量的成本过高时，厂商投资生产高质量产品所带来的利润无法弥补提高质量的投入，因此两家厂商都没有动机投资生产高质量产品，市场中只存在低质量产品，呈现出低质量产品均衡。当固定成本较高时，两家厂商进行同质产品竞争并非最优选择，两家厂商生产差异化的不同质量的产品，以迎合不同消费者的偏好，反而可以从中获得更高利润，此时两家厂商将分别生产高质量产品和低质量产品，市场中既存在高质量产品又存在低质量产品，呈现出差异化均衡。而当固定成本较小时，厂商提高质量的投资回报高于投资成本，两家厂商都能够通过生产高质量产品实现更高的利润，因此两家厂商都选择生产高质量产品，市场呈现出高质量产品均衡。

5.2.5　厂商决策的逻辑分析

下面我们可以进一步分析厂商决策的逻辑。

可以看出，在竞争对手选择生产低质量产品时，若厂商选择生产低质量产品，则产品价格为 $p_l^1 = \dfrac{1}{3}$，市场份额为 $x_l^1 = \dfrac{1}{3}$；而若厂商选择生产高质量产品，则可以提高整体市场产品的平均质量水平，由此导致的消费者支付意愿提高使得市场产品的价格上升为 $p^2 = \dfrac{\sqrt{h^2 - h + 1} + h + 1}{9}$，市场份额为 $x_h^2 = \dfrac{4\sqrt{h^2 - h + 1} + 4h - 8}{18(h-1)}$。通过比较得知 $p^2 > p_l^1$，$x_h^2 > x_l^1$。因此，在竞争对手选择生产低质量产品的前提下，厂商生产高质量产品所能制定的价格以及所能获得的市场份额都将高于生产低质量产品，使其所获得的收入高于生产低质量产品。这反映出消费者对高质量产品的支付意愿不仅高于低质量产品，也高于为之实际支付的消费成本，因此更多消费者愿意购买高质量产品。

然而此时厂商是否有动机一定选择生产高质量产品终究取决于净利润的大小，也就是要考虑扣除生产高质量产品的成本后，所得到的净利润是否比生产低质量产品更高。因此提高产品质量的成本大小就是关键。我们可以计算出当 $C>\bar{C}$ 时，厂商的最优策略为选择生产低质量产品；而当 $C<\bar{C}$ 时，厂商的最优策略为选择生产高质量产品。

而在竞争对手选择生产高质量产品时，若厂商选择生产低质量产品，则产品价格为 $p^2=\dfrac{\sqrt{h^2-h+1}+h+1}{9}$，市场份额为 x_l^2 $=\dfrac{2}{3}-\dfrac{4\sqrt{h^2-h+1}+4h-8}{18(h-1)}$；而若厂商选择生产高质量产品，则产品价格为 $p_h^3=\dfrac{1}{3}h$，市场份额为 $x_h^3=\dfrac{1}{3}$。通过比较得知 p_h^3 $>p_l^2$，$x_h^3>x_l^2$。因此，在竞争对手选择生产高质量产品的前提下，厂商生产高质量产品所能制定的价格以及所能获得的市场份额都将高于生产低质量产品，使其所获得的收入高于生产低质量产品。可以计算出当 $C>\underline{C}$ 时，厂商的最优策略为选择生产低质量产品；而当 $C<\underline{C}$ 时，厂商的最优策略为选择生产高质量产品。

因此，当提高质量的成本不太高时，只要竞争对手占据高质量定位，那么厂商就只有生产高质量产品才能在价格和产量上更有优势，于是必须与竞争对手进行相同的高质量定位。而如果提高质量的成本较高，尽管竞争对手占据了高质量定位而厂商生产高质量产品也可以在价格和产量上更有优势，但是过高的成本完全抵消掉了生产高质量产品在收益上获得的好处，厂商也只能定位于低质量产品的生产。

所以，当 $C>\bar{C}$ 时，不论竞争对手选择何种策略，厂商的占优策略总是生产低质量产品；当 $C<\underline{C}$ 时，不论竞争对手选择何种策略，厂商的占优策略总是生产低质量产品；当 $\underline{C}<C<\bar{C}$ 时，如果竞争对手选择了生产高质量产品，则厂商的理性选择是

生产低质量产品；如果竞争对手选择了生产低质量产品，则厂商的理性选择是生产高质量产品。

总的来说，事实上不论竞争对手生产低质量产品还是高质量产品，在不考虑生产成本的情况下，厂商都有动机生产高质量产品。但是考虑到生产高质量产品所需要投入的成本，厂商就需要在高质量产品因质量溢价所获得的增量收益与提高质量投入所带来的增量成本之间进行权衡。

比较竞争对手生产低质量产品和高质量产品两种情况下厂商的增量收益与增量成本之间的关系，可算得 $\pi_i^2 > \pi_i^1$，即差异化均衡时低质量厂商的收益或利润要高于低质量均衡时厂商的收益或利润。由此我们可以看到，这一点是与信息完全的情况不同的。

信息完全的情况下，差异化均衡中由于消费者对高质量产品赋予更高的支付意愿，同时消费者能识别他们愿意支付高价格的产品，因此高质量厂商不论是在价格制定上还是市场份额占有上都比低质量厂商更占优势。在此情况下，低质量厂商就被高质量厂商夺走了一部分市场并被压低了价格，导致其市场价格低于低质量均衡时的情况 $p_i^2 < p_i^1$，且市场规模也低于低质量均衡时的情况 $x_i^2 < x_i^1$，从而处境恶化。

但是在信息不完全的情况下就不一样了。信息不完全时，由于消费者分不清楚高质量厂商和低质量厂商，因此如果竞争对手提高了质量，则可以将整体市场平均质量抬高，使消费者对整个市场的产品具有更高的支付意愿，这样低质量厂商就搭乘了高质量厂商的便车，虽未在质量上有任何投入改进，却同样获得了市场质量整体提高而带来的产品价格上涨的好处。尽管此时低质量厂商需要退让一部分市场规模以维持消费者较高的期望效用，但价格上涨带来的收益超过了产量降低的影响，使得低质量厂商最终能够在差异化均衡的情况下因为搭便车而获得比低质量均衡时更高的利润。

由此我们得到推论1。

推论1：在不完全信息市场中，由于低质量厂商可以对高质量厂商搭便车，因此如果在原本只有低质量产品的市场中，一个厂商提高质量，则另外那个保持低质量的厂商也因为搭便车而获得比以前更高的利润。

由此可见，当对手选择生产高质量产品的时候，厂商如果处于低质量定位，虽然与高质量厂商相比得到较低的利润，但是与对手选择低质量产品的时候相比，厂商的利润却因为搭便车而增加了。因此，既然可以不做任何质量的改进，不新增任何投入的成本，只因为对手提高质量带高了市场整体价格就获得更多利润，厂商总是有相当大的动机搭便车，不提高自己的质量。如果要厂商自己有动力提高质量使市场整体达到高质量水平，那么必须要求提高质量的成本相当低廉，以使厂商提高质量后与同质量的对手竞争所能获得的新增利润可以超过提高质量带来的新增成本。

而从高质量厂商的利润情况来看，若生产高质量产品的成本相同，可算得$\pi_h^2 < \pi_h^3$，即产品质量差异化均衡状态下高质量厂商的利润低于双方都生产高质量产品时的利润。这说明存在低质量厂商时，尽管高质量厂商带高了整体市场价格从而获得更高的质量溢价，增加了利润，但是由于市场中始终有一个低质量厂商存在，其提供到市场中的低质量产品拖低了整体市场的期望质量水平，使消费者的支付意愿不能提高到更高的水平。而当双方都生产高质量产品的时候，此时消费者认识到了市场上全部是高质

量产品，因此对产品的支付意愿就提升到更高的水平，使得市场中产品获得了更高的质量溢价。而当存在低质量厂商搭便车的时候，高质量厂商本可以获得的高水平质量溢价就打了折扣，单位产品的边际收益被降低了。同时，从市场份额上，我们又看到经过计算有 $x_h^2 < x_h^3$。很明显，当厂商单方面提高质量后，如果竞争对手不跟着提高质量，则因为市场产品的整体支付意愿被搭便车的低质量厂商拖累，会出现高质量厂商的市场份额也低于市场上全是高质量产品时的情况。因此，不仅产品价格无法提高到更高的水平，市场份额也被搭便车的低质量厂商拉低，所以在提高质量的成本相同时，差异化均衡下被搭便车的高质量厂商其所获利润就低于高质量均衡下所能得到的利润。

由此我们得到推论 2。

推论 2：在不完全信息的市场中，低质量厂商对高质量厂商搭便车拉低了市场期望质量水平，降低了消费者的支付意愿。因此，相比于市场中都是高质量厂商的情况，如果存在一个搭便车的低质量厂商，则高质量厂商的利润就会被拉低。

注意，这一点是与信息完全的情况下完全不同的。在信息完全的情况下，在提高质量的成本相同时，通过分析两种情况下高质量厂商的产品价格和市场份额，可得 $x_h^2 > x_h^3$，$p_h^2 > p_h^3$。由此我们可以看到，当作为市场中唯一的高质量厂商时，厂商由于避免了高质量产品的同质竞争，其所能得到的市场份额和产品价格都更高。所以在信息完全和信息不完全这两种情况下，如果厂商保持高质量而竞争对手降低质量，其所受到的影响和处境的变动完全相反。这一点就为在信息不完全的市场中有可能在更多情况下需要通过质量标准监管提高产品质量埋下了伏笔。

下面我们考察高质量厂商和低质量厂商间的相对质量差距与

厂商利润的关系。从前述表达式可以看出，在高质量与低质量共存的差异化市场中，两家厂商的产量与双方产品的质量水平差异有关。由 $\frac{dx_h}{dh}>0$ 且 $\frac{dx_l}{dh}<0$ 可以看到，随着产品质量差距的扩大，生产高质量产品的厂商所占市场份额会增加，而生产低质量产品的厂商所占市场份额会减少。这是因为质量标准越高，两家厂商生产的质量水平差异就越大，市场中的价格水平就会越高（有 $\frac{dp}{dh}>0$），此时生产高质量产品的厂商就需要占据更大的市场份额，为消费者带来更高的期望效用以平衡产品质量的上升。对于高质量厂商而言，质量差距的扩大不仅能带来市场价格的更大幅度的上涨，而且能使自己因低质量厂商的进一步退让而获取更高的市场份额，从价格和市场份额两方面看，高质量厂商都更加受益。而对低质量厂商而言也更有好处，因为虽然为维持市场的高支付意愿和产品的高价格，低质量厂商退让了一部分市场以提高消费者的期望效用，但是产品价格上涨的好处大大抵消了市场份额下降的坏处，使收益得到提高。综合考虑产量和价格变动的两种效应，当固定投资成本不变时，有 $\frac{d\pi_h}{dh}>0$ 且 $\frac{d\pi_l}{dh}>0$，表明投资所带来的产品质量水平提高程度越大，则两家厂商获得的利润越高。

由此我们得到推论 3。

推论 3：在不完全信息的差异化产品市场中，高质量产品相对低质量产品的质量水平越高，则两家厂商在此情况下所获利润就越高，即 $\frac{d\pi_h}{dh}>0$ 且 $\frac{d\pi_l}{dh}>0$。

注意，这一点与信息完全的情况不同。在信息完全的质量差异化均衡下，两家厂商的产量与双方产品的质量水平差异有关。

当厂商通过成功的先期投资提高产品质量时，造成的产品的质量
水平差异越大，厂商就越能够扩大生产规模，同时价格也进一步
地提高，更高质量的产品终会获取更多的消费者和更高的利润。
相反，只能生产低质量产品的厂商会因为过大的质量水平差异而
不断地缩减产量，降低价格，自身利润也会不断减少，但最终不
会因产品差异过大而被驱逐出市场。总体来看，产品质量水平差
异越大，市场中就有越多的消费者选择购买产品；总体的消费群
扩大，消费者剩余与社会总福利也会相应提高。但是在信息不完
全的情况下，低质量厂商虽然同样缩减了产量，但是因为搭高质
量厂商的便车而享受到了更高的市场价格。由于价格提高的好处
比产量缩减的坏处更大，低质量厂商就会因为搭便车的行为而改
善了境遇。在信息完全的情况下，低质量厂商不能搭便车占便
宜，因此就得不到这样的好处。

在信息不完全的市场中，相对于两个厂商都只生产低质量产
品的状态，如果其中一个厂商提高了产品质量，那么另外一个继
续生产低质量产品的厂商就会因为市场整体支付意愿提高形成的
产品价格上涨而可以在自己不提高质量的前提下搭便车，不做任
何额外质量成本的投入分享市场平均质量上升的好处。而此时理
性的低质量厂商也有动机减少一部分产量，使得低质量产品所占
市场份额有所降低，相当于配合了高质量厂商提高质量的行为，
共同抬高消费者对市场平均质量的期望，维持市场的高支付意
愿，以便更有效地分享产品价格提高的红利。

比较在质量分离均衡下两个厂商所得利润 π_h^2 和 π_l^2，经计算
发现在形成这个均衡的成本区间内，当生产高质量产品所需的固
定 投 资 成 本 相 对 较 低 时， 即 $C < C < \overline{C}$
$\left(\overline{C} = \dfrac{(2h^2 - 8h + 2) + (2h + 2) \cdot \sqrt{h^2 - h + 1}}{81(h - 1)} \right)$ 时，生产高质量

产品的厂商比生产低质量产品的厂商获得的利润更高，即$\pi_h^2 >$ π_l^2；当厂商生产高质量产品所需的固定投资成本相对较高，即$\underline{C} < C < \overline{C}$时，生产低质量产品的厂商反而可以获得更高的利润，即$\pi_h^2 < \pi_l^2$。这是由于当提高质量的成本较低时，生产高质量产品的厂商得益于扩大了的市场份额，不仅可以从中弥补投资的成本，还能够留有剩余，使得利润上升；但当提高质量的成本较高时，生产高质量产品的厂商所需要弥补的成本就更大，相比较之下，反而是生产低质量产品的厂商能够从搭便车中获得更高的额外收益。

5.3 各质量水平下的消费者剩余和社会总福利

5.3.1 低质量均衡市场中的消费者剩余和社会总福利

当两家厂商都选择生产低质量产品时：

消费者剩余：$CS_1 = \int_{\frac{1}{3}}^{1} \left(\theta - \frac{1}{3} \right) \mathrm{d}\theta = \frac{2}{9}$

社会总福利：$SW_1 = \int_{\frac{1}{3}}^{1} \left(\theta - \frac{1}{3} \right) \mathrm{d}\theta + \pi_1 + \pi_2 = \frac{4}{9}$

5.3.2 差异化均衡市场中的消费者剩余和社会总福利

当两家厂商分别生产一高一低两种产品时：

消费者剩余：

$$CS_2 = \int_{\theta^*}^{1} \left(\frac{x_l}{x_h + x_l}\theta + \frac{x_h}{x_h + x_l}h\theta - p^2 \right)d\theta = \frac{2\sqrt{h^2 - h + 1} + 2h + 2}{27}$$

社会总福利：

$$SW_2 = \int_{\theta^*}^{1} \left(\frac{x_l}{x_h + x_l}\theta + \frac{x_h}{x_h + x_l}h\theta - p^2 \right)d\theta + \pi_1 + \pi_2 =$$

$$\frac{4\sqrt{h^2 - h + 1} + 4h + 4}{27} - C$$

5.3.3 高质量均衡市场中的消费者剩余和社会总福利

当两家厂商都生产高质量产品时：

消费者剩余：$CS_3 = \int_{\theta^*}^{1} (h\theta - p_h)d\theta = \frac{2}{9}h$

社会总福利：$SW_3 = \int_{\theta^*}^{1} (h\theta - p_h)d\theta + \pi_1 + \pi_2 = \frac{4}{9}h - 2C$

5.3.4 各质量水平下消费者福利的比较

我们比较这几种均衡局面下的消费者剩余，有 $CS_1 < CS_2 < CS_3$。

由此可见，在信息不完全的产量竞争市场中，厂商都生产高质量产品时消费者所得剩余最高，存在低质量厂商搭便车时消费者所得剩余次之，而厂商只生产低质量产品时消费者所得剩余最低。

可以看到，尽管厂商提高质量伴随着产品价格的上涨，但在提高质量的成本为固定成本的市场中，消费者因为产品质量提高而得到的好处超过了因价格上涨而承受的坏处，消费者剩余最终是提高的。

5.4　质量标准的监管

5.4.1　可选择的监管方式

沿用上一章的定义，监管者关于质量标准的监管方式包括：

分级标准认证、推荐性标准监管和强制性标准监管。

同样，我们在每一个成本区间中对不同监管方式所达到的社会福利进行比较，可以得到如下命题。

命题 2：在信息不完全的竞争市场环境下，当提高质量的成本比较适中，因而市场自发形成差异化质量均衡时，如果政府实施强制性质量标准监管，要求所有厂商的产品质量必须达到高标准，则会增加社会福利，即当 $\underline{C} < C < \bar{C}$ 时，社会总福利有 $SW_3 > SW_2$。

当厂商生产高质量的成本比较适中时，如果维持市场自发形成的局面，即维持市场中一家高质量厂商和一家搭便车的低质量厂商的状态，此时的社会总福利为 $SW_2 = \dfrac{12h^3 - 5h^2 + h}{2(4h-1)^2} - C$；而如果采取强制性标准监管，强制将低质量厂商的产品质量提高到高质量水平，则此时社会福利为 $SW_3 = \dfrac{4}{9}h - 2C$。比较两种政府监管策略下的社会总福利，则明显有 $SW_3 > SW_2$，表明在生产高质量产品的成本比较适中的情况下，强制性标准监管将实现社会福利最大化。

可以看到，在生产高质量产品需要的固定成本投资比较适中时，即 $\underline{C} < C < \bar{C}$ 的条件下，低质量厂商通过搭乘高质量厂商的便车享受到产品支付意愿高于低质量产品应得的支付意愿，保持产品的低质量可以获得比提高质量与高质量厂商展开同质竞争更高的利润，因此低质量厂商没有动力提高质量。此时市场自发形成的均衡中平均质量比较低，虽然消费者面对的产品价格低于高质量均衡时的产品价格，但被低质量厂商拖低的市场平均质量使消费者剩余打了折扣，因价格低廉享受的好处无法弥补质量低下带来的坏处，消费者剩余低于高质量均衡的情况，社会整体福利

也低于高质量均衡的情况，没有达到社会最优，存在效率损失。此时，政府将质量标准设置到高质量水平并采取强制性标准监管，强行将低质量厂商的产品质量抬高到标准水平，让消费者清楚市场上全部为高质量产品，消费者对产品的支付意愿就提高到高质量均衡的水平，产品市场价格上涨。但是最终消费者因质量提高而享受到的好处超过了因价格上涨而带来的坏处，因此消费者剩余增加，消费者的境遇因强制性标准监管而得到了改善。

根据前文的分析，在市场自发形成搭便车的均衡时，强迫提高低质量厂商的质量水平对两个厂商的利润影响是不同的。对于低质量厂商来说，既然在形成这一均衡的成本区间内的最优选择是搭便车，则强制其提高质量必然会降低其利润。而对于高质量厂商来说，我们前面也计算出当市场整体质量水平都提升后，其面对的产品价格和市场份额都得到提高，因此高质量厂商的利润是增加的。经过计算，我们得知通过强制性标准监管将市场产品整体质量强制提升至高质量达标水准后，消费者福利的增加与高质量厂商利润的增加超过了低质量厂商利润的损失，最终使社会整体福利得到改进。

这一结果与信息完全的情况不同。信息完全的情况下，当生产高质量产品需要投入的成本刚好适中的时候，强制性标准监管不仅不利于低质量厂商，而且对高质量厂商也是不利的。因为当信息完全时，两个厂商进行产品差异化定位可以避免高质量产品同质竞争，这时候作为市场中唯一的高质量厂商不论是价格还是市场份额都更占优势，因此对其而言所得利润要高于高质量同质竞争下的利润。由此强制性提高质量对两家厂商而言利润都降低了。最终厂商利润的降低抵消了消费者剩余的增加，社会整体福利降低，我们有 $SW_3 < SW_2$，即在信息完全的情况下强制性标

准监管并非最优。而在信息不完全的情况下，对手搭便车的行为会让高质量厂商因消费者支付意愿降低而受损，其产品价格和市场份额都双双下降，这时候的产品质量差异就没有信息完全时避免同质竞争使高质量厂商享受质量溢价的好处，而只有被低质量厂商搭便车带来的坏处。因此，在信息不完全的情况下，通过强制性标准监管强制提高低质量厂商的产品质量使其达到标准，则可以消灭搭便车的行为，提高市场支付意愿，使高质量厂商获得高质量均衡市场下的一个反映自身产品价值的合理价格，因此高质量厂商因为强制性标准监管而获益，境遇改善。同时，消费者也因为产品质量提高而受益。高质量厂商和消费者所得到的好处超过低质量厂商成本提高带来的坏处，社会整体福利就因为强制性标准监管而提高了。

命题 3：当市场被低质量产品充斥时，如果提高质量的成本比较低廉，则强制性标准监管可以增加社会整体福利，即在信息不完全的产量竞争市场环境下，当市场自发形成低质量均衡时，如果 $\bar{C} < C < \tilde{C}\left(\tilde{C} = \dfrac{8h - 4 - 4\sqrt{h^2 - h + 1}}{27}\right)$，则政府采取强制性标准监管可以增加社会整体福利，即此时社会总福利有 $SW_3 > SW_2$。

考察这个成本区间内的福利情况。当市场形成低质量均衡时，如果维持市场自发形成的局面，此时的消费者剩余为 $CS_1 = \dfrac{2}{9}$，社会总福利为 $SW_1 = \dfrac{4}{9}$；而如果强制性标准监管强制将低质量厂商的产品质量提高到标准水平，则此时的消费者剩余为 $CS_3 = \dfrac{2}{9}h$，社会总福利为 $SW_3 = \dfrac{4}{9}h - 2C$；比较两种政府监管策略下的社会总福利，则明显有 $CS_3 > CS_1$，$SW_3 > SW_1$。强制性标准监管提高所有产品的质量后，消费者因为产品性价比提高而增加了消费者剩余，处境改善。此时厂商所获得的收入也高于都生产低质量产品时的水平，这是因为随着产品质量提高，消费者支付意愿增强，从而产品的市场份额与价格都上升了。尽管这时候全社会要为两个厂商的质量提高而付出双倍的增量成本，但是消费者剩余的提高和厂商收入的增加超过了社会成本的上升。因此当生产高质量产品的成本在这一阶段内的时候，强制性标准监管将改进整体社会福利。

我们来考察这一成本区间内推荐性标准监管是否更利于整体社会福利。通过计算我们发现 $CS_3 > CS_2 > CS_1$，$SW_3 > SW_2 > SW_1$。也就是说，推荐性标准监管在这种情况下是一种次优居中的手段，它不能使社会整体福利达到最优，比起强制性标准监管而言存在效率的损失，但它又会优于市场自发均衡。这是因为它的确带来了市场整体期望质量水平的提高，使企业可以享受市场高溢价带来的好处。同时消费者也因为高质量产品而提升了消费者剩余，因此比只有低质量产品的情况具有一定的积极因素。但同时我们也看到，提高质量的厂商则要忍受提高质量带来的新增成本以及被搭便车的厂商所摄取的一部分利益，质量和市场价格的提高无法弥补其成本的增加，因此被引导提高质量的厂商此时利润是下降的，这相比于两个厂商都生产高质量产品的情况就又增加了一个负面的因素。综合来看，正负两个因素叠加，就使得推荐性标准监管带来的福利效应居于市场自发均衡和强制性标准监管之间了。

命题 4：当市场被低质量产品充斥时，如果提高质量的成本较高，则推荐性标准监管下社会总福利会高于强制性标准监管。即在信息不对称的产量竞争市场环境下，当市场自发形成低质量均衡时，如果 $C > \widetilde{C}$ $\left(\widetilde{C} = \dfrac{8h - 4 - 4\sqrt{h^2 - h + 1}}{27}\right)$，则推荐性标准

监管下社会总福利会高于强制性标准监管。此时，当 $\widetilde{C} < C < \hat{C}$

$\left(\hat{C} = \dfrac{2h - 2}{9}\right)$ 时，有 $SW_2 > SW_3 > SW_1$；当 $\hat{C} < C < \overline{C}$

$\left(\overline{C} = \dfrac{4\sqrt{h^2 - h + 1} + 4h - 8}{27}\right)$ 时，有 $SW_2 > SW_1 > SW_3$；当 $C >$

$\overline{C}$ 时，有 $SW_1 > SW_2 > SW_3$。

考察上述各成本区间内的福利情况。当 $\widetilde{C} < C < \hat{C}$ 时，在市场自发形成的均衡质量水平下，此时的消费者剩余为 $CS_1 = \dfrac{2}{9}$，

社会总福利为 $SW_1 = \dfrac{4}{9}$；如果政府采取推荐性标准监管，则消

费者剩余为 $CS_2 = \dfrac{2\sqrt{h^2 - h + 1} + 2h + 2}{27}$，社会总福利为 $SW_2 =$

$\dfrac{4\sqrt{h^2 - h + 1} + 4h + 4}{27}$；而如果采取强制性标准监管，强制将低

质量厂商的产品质量提高到高水平，则此时的消费者剩余为 CS_3

$= \dfrac{2}{9}h$，社会总福利为 $SW_3 = \dfrac{4}{9}h - 2C$；比较两种政府监管策略

下的社会总福利，经计算有 $CS_3 > CS_2 > CS_1$，$SW_2 > SW_3 >$

SW_1。从这里我们可以再次看到，对于消费者而言，其效用大小与产品成本无关，而只与产品的质量和价格相关，又由于产品质量提高带来的好处总是超过价格上涨的坏处，因此只要能使市场整体质量水平提高，就可以增进消费者的福利。因此不管成本在什么范围内，对消费者而言，总是会有推荐性标准监管强于市场自发均衡，而强制性标准监管又强于推荐性标准监管。

但是从厂商的角度来看，就必须要考虑高质量产品带来的成

本增加的问题了。可以看到，在 $\tilde{C}<C<\hat{C}$ 这一个成本区间内，强制性标准监管的确可以因为保证市场产品的质量提升而使产品价格增加，但其代价是两个厂商双双承受较高的质量成本。由于在这一质量成本区间内，全社会因得到高质量产品而付出的生产成本相较于消费者获得的消费剩余而言更加沉重了，因此强制性标准监管对社会总福利的改进相较于之前较轻的成本区间有所削弱，其效果不如推荐性标准监管。当然，由于成本还不算极端高昂，这时候强制性标准监管还是比市场自发均衡的效果更好些。

但是随着提高质量的成本进一步上升，在 $C>\hat{C}$ 之后，提高质量的成本高昂到产品价格上涨的好处已经完全无法弥补成本上升带来的坏处了，此时强制性标准监管的效果就需要斟酌了。

命题 5：当市场被低质量产品充斥时，如果提高质量的成本不是极端高昂，则推荐性标准监管是实现社会最优的选项。即在信息不完全的产量竞争市场环境下，当市场自发形成低质量均衡时，如果 $\tilde{C}<C<\bar{\bar{C}}\left(\bar{\bar{C}}=\dfrac{4\sqrt{h^2-h+1}+4h-8}{27}\right)$，则推荐性标准监管能实现社会最优。当 $\tilde{C}<C<\hat{C}$ 时，$SW_2>SW_3>SW_1$；当 $\hat{C}<C<\bar{\bar{C}}$ 时，$SW_2>SW_1>SW_3$。

在这种情况下，强制性标准监管厂商成本的增加超过了消费者因产品性价比提高获得的好处，将导致社会整体福利低于推荐性标准监管。而市场自发均衡又使消费者剩余远远达不到最优状态，因此市场自发均衡导致的社会整体福利也低于推荐性标准监管。这时推荐性标准监管成为最优的监管选择。

命题 6：当市场被低质量产品充斥时，如果提高质量的成本极端高昂，则分级标准认证是实现社会最优的选项。即在信息不完全的产量竞争市场环境下，当市场自发形成低质量均衡时，如果 $C > \bar{C}$，则分级标准认证能实现社会最优。当 $C > \bar{C}$ 时，$SW_1 > SW_2 > SW_3$。

这是一种在理论上比较极端的情况。这时候由于提高质量的成本极端高昂，以至于要求全部或部分厂商生产高质量产品都将付出极为高昂的社会成本。如上一章所举阳澄湖大闸蟹的例子，如果存在某些消费者难以识别的质量维度同样也是由阳澄湖得天独厚的自然条件所决定的，那么即使强制要求其他不具备相应自然条件的地区通过极其高昂的成本改造自然条件，在该质量维度上生产出同样品质的大闸蟹，对全社会而言或许也是得不偿失的。在这种情况下，政府更需要做的是分级质量认证，同时要求生产者无保留地披露相关质量信息，让消费者准确认识此时的市场产品质量，使不完全信息市场转向完全信息市场。由于完全信息市场中该质量区间的市场均衡质量可以实现社会最优，因此分级标准认证就成为不完全信息市场中该质量区间的最优监管方式。

图 5-3 描述了不同成本区间的最优监管方式，直观表述了上述系列命题的内涵。

图 5-3　不同成本区间的最优监管方式

综合以上命题，我们可以得到定理 1 和定理 2。

定理 1：在消费者无法识别产品质量的不完全信息市场中，当市场自发形成高质量和低质量产品并存的差异化均衡时，低质量厂商搭便车的行为导致市场无法自发达到最优。在这种情况下，政府应采取强制性标准监管，杜绝搭便车行为，以强制性监管弥补市场自身缺陷。

定理 2：在消费者无法识别产品质量的不完全信息市场中，当市场自发形成只有低质量产品的均衡时，市场很难靠自身达到最优。这时如果提高质量的成本较低，则有必要实施强制性标准监管达到最优；而如果提高质量的成本较高，则推荐性标准监管或分级标准认证更可能达到最优。

5.4.2 不完全信息市场监管的启示

我们可以将不完全信息市场下质量标准监管方式的福利效应与完全信息市场下的情况进行对比。

当生产高质量产品的成本适中的时候，市场将形成部分厂商生产高质量产品、部分厂商生产低质量产品的差异化均衡。在这种情况下，完全信息市场下的最优监管方式为分级标准认证，但当市场存在信息不完全问题时，就必须实施强制性标准监管才能实现社会最优。这里的关键在于，当市场存在信息不完全问题时，由于消费者难以准确辨别不同质量的产品，低质量产品可以对高质量产品搭便车，导致低质量产品实际上取巧地获得了更高支付意愿，而高质量产品却被拉低了支付意愿。由于高质量产品无法获得其质量水平应有的支付意愿，此时与信息完全的情况相比，市场提供高质量产品的动机更低，更多厂商不愿意生产高质量产品。由此，在这段成本区间的内部，原本还可以存在一部分成本区间在信息完全的情况下可以出现高质量均衡，却在信息不完全的情况下只能出现差异化均衡，使得市场自发形成的均衡质量水平在该成本区间内无法实现社会最优，导致市场存在效率损失。

当生产高质量产品的成本较高的时候，市场将形成所有厂商都只生产低质量产品的低质量均衡。在这种情况下，当市场信息完全且成本不是特别高昂时，推荐性标准监管为最优监管方式。然而当市场信息不完全时，我们发现在生产高质量产品的成本较高却又不是特别高的某个区间内，强制性标准监管将比推荐性监管更优。这里的原理与前述类似，不完全信息市场中，低质量产品对高质量产品搭便车的行为会削弱市场提供高质量产品的动机。在该成本区间内，如果信息是完全的，原本还可以有厂商愿意生产高质量产品，但是当信息不完全时，所有厂商都不再有动机生产高质量产品。此时市场自发形成的均衡质量水平低于社会最优水平，存在效率损失，需要监管者要求市场提高产品质量。并且，在这段成本区间上，高质量均衡能比差异化均衡达致更高的社会福利水平，因此强制性标准监管又比推荐性标准监管更优。

从上述分析可见，由于不完全信息市场中低质量产品搭便车行为的存在，削弱了市场提供高质量产品的动机，导致更多原本可以实现更高水平质量均衡的成本区间内均衡质量水平降低，这充分说明了信息不完全会导致市场机制的局限性被进一步放大。因此，当市场存在信息不完全的问题时，政府有必要在更多情况下采取更严格的标准监管方式。

5.5　结论及政策意义

本章通过对不完全信息市场中厂商的竞争策略以及质量标准监管方式的执行策略进行分析，发现低质量厂商搭便车的行为大大削弱了市场提供高质量产品的动机，不完全信息市场更有可能在提高质量的成本还比较低的时候就存在低质量产品甚至只存在低质量产品。因此，在这种情况下强制低质量厂商提高质量并不会带来太高的生产成本，这就更容易使得消费者因为产品质量提高获得的好处超过生产成本提高承担的坏处，也就更有可能增进社会总福利。

不同于完全信息市场，在不完全信息市场中，当市场形成差异化质量均衡时，强制性标准监管能够实现社会总福利最大化。并且，当市场形成低质量均衡时，在提高质量的成本相对较低的情况下，强制性质量标准比推荐性质量标准更有利于社会总福利的提高，这一点也与完全信息市场不同。

由此我们认为，在食品质量尚未被消费者充分识别的市场中，由于存在低质量厂商对高质量厂商搭便车的现象，政府应该更多地实施强制性标准监管，以此弥补市场缺陷。相比于完全信息市场，在不完全信息市场中的很多情况下，政府实施强制性标准监管并不会造成过于沉重的社会成本，却可以更多地提高消费者福利，由此成为社会最优的选择。或者政府可以更多地提供公开信息，消除消费者面临的信息不对称，使市场在信息完全的状态下自发形成更优的均衡。尤其是在某些情况下，消费者往往只能通过服用食品后某方面身体健康的状况判断同类食品整体的质量状况，却并不知道与这一方面身体健康状况具有因果联系的食品质量维度，更难以识别这一质量维度上的质量高低。这时候政府可以通过宣传提供信息，让消费者更清楚地认识产品的质量高低，从而理性选择适合自己的产品。

6 研究结论及政策建议

    本书首先从产品差异化和成本结构的角度，分别对不同成本结构下提高质量标准的经济效应进行了分析。研究结果表明，在提高产品质量主要体现为固定成本增加的情况下，提高质量标准可以进一步提升产品的性价比，有利于消费者福利的提升，也有利于全社会整体经济福利的提升。

    该理论机制的关键在于，相比于变动成本，固定成本下厂商更缺乏向消费者转嫁提高质量的成本的能力。尽管厂商可以通过产品差异化形成一定的市场势力和议价能力，为产品更高的质量索取更高的溢价，但是厂商之间的价格竞争又可以削弱其议价能力，并且双方产品同质化程度越高则价格竞争越激烈，议价能力越弱。

    当厂商提高质量的成本对应固定成本的增加时，亦即在提高质量只需要在生产前提高沉没成本投入的情况下，双寡头在价格竞争阶段不需要考虑沉没成本。因此影响其价格竞争程度的只有产品同质化程度而没有成本上升的因素，厂商在定价博弈中不会将提高质量的成本加入产品价格里。因此，厂商无法向消费者转嫁成本，只能获取质量溢价。在这种情况下，制定更高的质量标准就导致产品之间质量收敛，差异性减少，同质性加强，价格竞争就更加激烈。激烈的价格竞争使消费者可以面对性价比更高的产品，从而因此受益。并且最终从社会整体经济福利看，消费者因产品性价比提升而带来的社会收益超过了全社会为提高产品质量而增加的生产成本，全社会的总体经济效益都将得到改进。

　　随后本书进一步研究了不同信息环境下各种关于质量标准的监管方式对社会福利的影响。通过对垂直差异化产品市场环境中厂商的竞争策略以及政府对质量标准的监管方式进行分析，发现在完全信息的市场中，实现社会福利最大化的质量标准监管方式与生产高质量的产品的成本相关。

　　完全信息的市场中，如果市场自发形成同时存在高质量和低质量两类产品的差异化均衡时，分级标准认证将比强制性标准监管带来更高社会总福利。在这种情况下，厂商往往是基于技术水平较低、提高产品质量所需的成本投资过大等原因，选择生产低质量产品。此时，强制性标准监管所导致的过高的生产成本甚至会超过消费者福利的增加，最终导致社会总福利的下降。而分级质量认证在这种情况下则可以达到更高的社会总福利。

　　另外我们发现了推荐性标准监管所适用的环境，在市场自发形成只有低质量产品的均衡时，尽管提高质量的成本较高，但也可能并非极端高昂。在一个比较合适的成本范围内，高标准的缺失会使消费者因买不到高质量产品而降低福利，强制性标准监管又会让行业承担过重的成本而降低福利，但是推荐性标准监管让部分厂商生产高质量产品，是一个恰好可以使市场达到最优的监管选择。

　　而在不完全信息市场中，低质量厂商搭便车的行为大大削弱了市场提供高质量产品的动机，不完全信息市场更有可能在提高质量的成本还比较低的时候就存在低质量产品甚至只存在低质量产品。因此在这种情况下强制低质量厂商提高质量并不会带来太高的生产成本，这就更容易使得消费者因产品质量提高而获得的好处超过厂商因成本提高而承担的坏处，也就更有可能增进社会福利。根据本书的理论分析，不同于完全信息市场，在不完全信息市场中，当市场形成差异化质量均衡时，强制性标准监管能够实现社会福利最大化。并且，当市场形成低质量均衡时，在提高质量的成本相对较低的情况下，强制性质量标准比推荐性质量标准更有利于社会福利的提高，这一点也与完全信息市场不同。

本书的研究结论或许可以为当前食品质量的监管在多个方面提供一定的理论参考。

首先，通过对质量标准经济效应的研究，我们发现在保障人民群众健康安全的前提下，在某些领域进一步制定更严格的食品质量标准不仅可以提升产品质量，还可以提高产品性价比，使人民群众获得性价比更高的产品。这一效应尤其体现在产品质量提升更多依靠技术升级、设备更新等先期固定投资增加的领域。这也意味着，随着我国各行业产业升级的加速推进，在食品行业机械化、自动化、智能化程度日益提升的新阶段，我们具备更有利的条件在更多的食品细分领域或产品质量的更多维度设置高于市场自发水平的质量标准，以及对更多的原有质量标准进行修订，将标准的严格程度进一步提高。

其次，要坚持推进我国食品产业升级，加快行业的规模化、机械化、自动化、智能化，使其产品质量的提高更多依靠技术升级和设备更新，与提高食品质量标准实现有机联动。在提高质量仍然主要依靠增加变动成本的领域，在设置更严格质量标准的同时可以考虑进一步支持其行业整体技术结构的升级，还要注意对小企业提高产品质量的技术工艺加大支持，降低小企业提高质量的难度，帮助其以更低的边际成本实现产品质量的提升，由此激励市场在形成更高均衡质量的同时降低均衡价格，使消费者所获产品的性价比得到提高。在推进质量标准体系完善的过程中，各部门可加强配合联动，多方出台系统性措施，更充分地发挥质量标准的综合效益，对提升人民群众的生活质量形成放大效应。

再次，本书的研究结论也有助于思考对食品生产的不同环节如何设置具体的质量标准，这与当前我国正在着力推广的 HACCP 食品质量管理体系的背景比较契合。结合食品行业的特征，由于食品加工厂生产最终产品的环节相比于农产品原料生产等前端环节往往具备更高的规模化、机械化、自动化和智能化水平，因此我们或许可以考虑让最终产品的生产环节更多地承担提高质量的成本，以使得在保证最终产品高质量的前提下还可以进一步提高产品的性价比。当然，各生产环节对提高产品质量所承担的工作也需要从技术角度进行考虑，本书的理论分析仅从经济性方面提供另一个角度的参考。在监管实践中，标准制定者需要结合多个角度对该问题进行综合评估。

此外，我们需要思考质量标准的最优监管方式。对于食品卫生、有害物含量等涉及人民群众健康安全的质量维度，需要以强制性标准监管守住食品安全的底线；而对于口感、品位等不涉及人民群众健康安全的领域，如果市场信息是完全的，消费者可以准确识别不同产品的质量水平，自愿购买适合自身需求的产品类别，则分级标准认证和推荐性标准监管在某些情况下可能比强制性标准监管更有利于社会整体福利的提高。进一步，如果市场长期处于低质量均衡状态，而此时提高质量的成本又不太高，则需要更多考虑采取推荐性标准监管以引导一部分厂商率先实现产品质量提升。

　　最后需要注意的是，随着食品行业技术发展和产品形态多元化，当前市场上的食品类产品的质量维度日趋复杂，缺乏专业知识的普通消费者对某些维度的食品质量难以准确识别，无法区分高质量产品和低质量产品。这就使得市场上更容易存在低质量产品对高质量产品搭便车的现象，制约了食品企业提升产品质量的意愿。因此不完全信息导致市场机制的局限性被放大，市场自发形成的均衡质量水平更有可能低于社会最优的质量水平。

　　因此，当考虑到食品市场可能存在更明显的信息不完全特征时，政府应更多地对食品行业实施强制性标准监管，以此弥补市场缺陷。相比于完全信息市场，在不完全信息市场中的很多情况下，政府实施强制性标准监管并不会造成过于沉重的社会成本，却可以更多地提高消费者福利，由此成为社会最优的选择。或者政府可以更多地提供公开信息，鼓励企业揭示质量信息，并确保信息的权威性和可信度，使其能够更准确、更充分地识别市场不同产品的质量，使市场在信息完全的状态下自发形成更优的均衡。

参考文献

陈华宁. 欧盟、日本农产品质量安全立法及启示［J］. 世界农
　　业，2007（9）：11－14.

陈锡进. 中国政府食品质量安全管理的分析框架及其治理体系
　　［J］. 南京师范大学学报（社会科学版），2011（1）：29－36.

崔卓兰，宋慧宇. 论我国食品安全监管方式的多元化［J］. 华南
　　师范大学学报（社会科学版），2010（3）：17－22.

戴治勇，杨晓维. 间接执法成本、间接损害与选择性执法［J］.
　　经济研究，2006（9）：94－102.

傅烨，郑绍濂. 企业的质量、价格决策与政府干预［J］. 系统工
　　程理论方法应用，1999（4）：43－49.

高晓鸥，宋敏，刘丽军. 基于质量声誉模型的乳品质量安全问题
　　分析［J］. 中国畜牧杂志，2010（10）：30－34.

龚强，张懿. 企业的最优产品差异化选择［J］. 经济学（季刊），
　　2011，10（2）：519－634.

龚强，陈丰. 供应链可追溯性对食品安全和上下游企业利润的影
　　响［J］. 南开经济研究，2012（6）：30－48.

郭云辉. 基于政府管制视角的食品质量安全问题——以"三鹿奶

粉"事件为例 [J]. 调研世界，2009 (1)：37-39.

何立华，杨淑华. 食品安全问题的成因及其解决：基于政府与市场失灵的角度 [J]. 山东经济，2011 (2)：40-45.

胡颖廉. 食品安全监管的框架分析与细节观察 [J]. 改革，2011 (10)：147-154.

蒋抒博. 我国食品安全管制体系存在的问题及对策 [J]. 经济纵横，2008 (11)：30-33.

李长健，张锋. 一种社会性监管模式——中国食品安全监管模式的理性回归 [J]. 重庆社会科学，2006 (3)：117-120.

李静. 我国食品安全监管的制度困境——以三鹿奶粉事件为例 [J]. 中国行政管理，2009 (10)：30-33.

李想，石磊. 质量的产能约束、信息不对称与大销量倾向：以食品安全为例 [J]. 南开经济研究，2011 (2)：42-67.

李想. 信任品质量的一个信号显示模型：以食品安全为例 [J]. 世界经济文汇，2011 (1)：87-108.

李凯年，逯德山. 欧美等发达国家加强食品安全管理做法及启示 [J]. 世界农业，2006 (10)：18-20.

李艳波，刘松先. 信息不对称下政府主管部门与食品企业的博弈分析 [J]. 中国管理科学，2006 (14)：197-200.

刘呈庆，孙曰瑶，龙文军，等. 竞争、管理与规制：乳制品企业三聚氰胺污染影响因素的实证分析 [J]. 管理世界，2009 (12)：67-78.

刘录民. 我国食品安全监管体系研究 [D]. 咸阳：西北农林科技大学，2009.

刘小峰，陈国华，盛昭瀚. 不同供需关系下的食品安全与政府监管策略分析 [J]. 中国管理科学，2010 (4)：143-150.

刘亚平. 中国食品安全的监管痼疾及其纠治——对毒奶粉卷土重来的剖析 [J]. 经济社会体制比较，2011 (3)：84−93.

倪国华，郑风田. 媒体监管的交易成本对食品安全监管效率的影响——一个制度体系模型及其均衡分析 [J]. 经济学（季刊），2014 (1)：559−582.

秦利. 基于制度安排的中国食品安全治理研究 [D]. 哈尔滨：东北林业大学，2010.

沈宏亮. 中国规制政府的崛起：一个供给主导型制度变迁过程 [J]. 经济学家，2011 (4)：32−39.

谭珊颖. 企业食品安全自我规制机制探讨——基于实证的分析 [J]. 学术论坛，2007 (7)：90−95.

许成钢. 法律、执法与金融监管——介绍"法律的不完备性理论"[J]. 经济社会体制比较，2001 (5)：1−12.

王彩霞. 政府监管失灵、公众预期调整与低信任陷阱——基于乳品行业质量监管的实证分析 [J]. 宏观经济研究，2011 (2)：31−51.

吴林海，徐玲玲，王晓莉. 影响消费者对可追溯食品额外价格支付意愿与支付水平的主要因素——基于 Logistic、Interval Censored 的回归分析 [J]. 中国农村经济，2010 (4)：77−85.

吴元元. 信息基础、声誉机制与执法优化——食品安全治理的新视野 [J]. 中国社会科学，2012 (6)：115−208.

张永建，刘宁，杨建华. 建立和完善我国食品安全保障体系研究 [J]. 中国工业经济，2005 (2)：14−20.

张剑虎，李长英. 产品多样性与企业区位选择 [J]. 经济学（季刊），2010，9 (4)：1505−1518.

周应恒，彭晓佳. 江苏省城市消费者对食品安全支付意愿的实证研究——以低残留青菜为例 [J]. 经济学（季刊），2006，5（4）：1319—1340.

周应恒，王晓晴，耿献辉. 消费者对加贴信息可追溯标签牛肉的购买行为分析——基于上海市家乐福超市的调查 [J]. 中国农村经济，2008（5）：22—32.

周应恒，卓佳. 消费者食品安全风险认知研究——基于三聚氰胺事件下南京消费者的调查 [J]. 农业技术经济，2010（2）：89—96.

周应恒，霍丽玥，彭晓佳. 食品安全：消费者态度、购买意愿及信息的影响——对南京市超市消费者的调查分析 [J]. 中国农村经济，2004（11）：53—80.

Alberto A. The Evolution of European Food Regulation－Why the European Food Safety Authority is not a EU-Style FDA? *Bocconi Legal Studies Research Paper*，Accepted Paper Series，2006，No. 1007451.

Arrow K，et al. Is there a Role for Benefit-Cost Analysis in Environmental，Health and Safety Regulation? [J]. *Science*，1996，272（4），pp. 221—222.

Becker Gary S. Crime and Punishment：An Economic Approach [J]. *Journal of Political Economy*，1968（76），pp. 169—217.

Besanko D，Donnenfeld S. The Multiproduct Firm，Quality Choice，and Regulation [J]. *The Journal of Industrial Economics*，1988，36（4），pp. 411—429.

Caswell J，Bredahl M，Hooker N. How Quality Management

Systems Are Affecting the Food Industry [J]. *Rev. Agric. Econ.* 1998 (20), pp. 547-557.

Carl S. Premiums for High Quality Products as Returns to Reputations [J]. *The Quarterly Journal of Economics*, 1983, 98 (4), pp. 659-680.

Carloscarpa. Minimum Quality Standards with More Than Two Firms [J]. *International Journal of Industrial Organization*, 1998, 16, pp. 665-676.

Caswell J A. An Evaluation of Risk Analysis as Applied to Agricultural Biotechnology (with a Case Study of GMO Labelling) [J]. *Agribusiness*, 2000, 16 (1), pp. 115-123.

Constantatos C, Perrakis S. Minimum Quality Standards, Entry, and the Timing of the Quality Decision [J]. *Journal of Regulatory Economics*, 1998, 13 (1), pp. 47-58.

Crampes C, Hollander A. Duopoly and Quality Standards [J]. *European Economic Review*, 1995, 39, pp. 71-82.

D'Aspremont C, Gabszewicz J, Thisse J. On Hotelling's Stability in Competition [J]. *Econometrica*, 1979, 47 (5), pp. 1145-1150.

David Vogel. The Politics of Precaution: Regulating Health, Safety, and Environmental Risks in Europe and the United States [M]. Princeton University Press, 2012, Charpter 1, p. 13.

Dean K H. ACCP and Food Safety in Canada [J]. *Food Technology*, 1990 (5), p. 172.

Demsetz H. Information and Efficiency: Another Viewpoint

[J]. *The Journal of Law and Economics*, 1969 (4), pp. 1−22.

Eileen O. van Ravenswaay (Valuing Food Safety and Nutrition, EDITED BY Julie A [M]. *CaswellBook Originally*, Westview Press, Boulder, Colorado, 1995.

Emanuele, Bacchiega, Luca, Lambertini and Andrea, Mantovani. On MQS Regulation, Innovation and Market Coverage [J]. *Economics Letters*, 2010, 108, pp. 26−27.

European Commission. The General Principle of Food Law in the European Union, *Final*. 1997, p. 176.

Feuz D M, Wagner J J, Petik K. Strict Enforcement of Zero Tolerance: The Total Cost to the Beef Industry. 1995 *South Dakota Beef Report*, *Dept. of Animal & Range Science*, *Ag Experiment Station*, *Cooperative Extension Service*, SDSU. Sept. 1995.

Gabszewicz J J, Thisse J F. Price Competition, Quality and Income Disparities [J]. *Journal of Economic Theory*, 1979, 20, pp. 340−359.

Garella P G. The Effects of Minimum Quality Standards in Oligopoly: Better or Worse Products? Working Paper 484, Dipartimento di Scienze Economiche, Bologna University, 2003, http: //www. dse. unibo. it/ricerca.

Garella P G. Innocuous' Minimum Quality Standards [J]. *Economics Letters*, 2006, 92 (3), pp. 368−374.

Garella P G, Emmanuel P. Minimum Quality Standards and Consumers' Information [J]. *Economic Theory*, 2008, 36

(2)，pp. 283－302.

Giulio E，Luca L. Minimum Quality Standards and Collusion [J]. *Journal of Industrial Economics*，1997，45（1），pp. 101－113.

Grijspaardt-Vink C. European Report：HACCP in the EU [J]. *Food Technology*，1995（3），pp. 36.

Hayne E，Leland. Quacks，Lemons and Licensing：A Theory of Minimum Quality Standards [J]. *Journal of Political Economy*，1979，87（6），pp. 1328－1346.

Henson S，Caswell J. Food Safety Regulation：An Overview of Contemporary Issues [J]. *Food Policy*，1999，24（6），pp. 589－603.

Hotelling H. Stability in Competition [J]. *The Economic Journal*，1929，39（153），pp. 41－57.

Jorgen DrudHansen，Jorgen Ulff Moller Nielsen. Economic Integration and Quality Standards in a Duopoly Model with Horizontal and Vertical Product Differentiation [J]. *Journal of Economic Integration*，2006，21，pp. 837－860.

John M A. Benefits and Costs of Food Safety Regulation [J]. *Food Policy*，1999（24），pp. 605－623.

John M A. No Such Thing as a Free Safe Lunch：The Cost of Food Safety Regulation in the Meat Industry [J]. *American Journal of Agricultural Economics*，2000（82），pp. 310－322.

John W M. Minimum Quality Standards as a Barrier to Innovation [J]. *Economics Letters*，1998，58，pp. 355－360.

Jonas H. Collusive Pricing in Markets for Vertically Differentiated Products [J]. *International Journal of Industrial Organization*, 1994, 12 (2), pp. 155−177.

Julia A C. Valuing the Benefits and Costs of Improved Food Safety and Nutrition [J]. *The Australian Journal of Agricultural and Resource Economics*, 1998, 42 (4), pp. 409−424.

Zielonka J. Europe as a Global Actor: Empire by Example [J]. *International* Affairs 84, 2008 (3), p. 479.

Klein N L, Brester G W. Economic Impacts of the Zero Tolerance Directive on the Cost Structure of Beef Packing Companies [J]. *Journal of Agricultural Resource Economics*, 1997 (22), pp. 392.

Lutz S. Trade Effects of Minimum Quality Standards with and without Deterred Entry [J]. *Journal of Economic Integration*, 2000 (15), pp. 314−344.

Lutz S. Mutual Recognition of National Minimum Quality Standards May Support International Convergence [J]. *ZEW Discussion Paper*, 2003, No. 03−17.

Lutz S, Lyon T, Maxwell J W. Quality Leadership When Regulatory Standards Are Forthcoming [J]. *Journal of Industrial Economics*, 2000, 48 (3), pp. 331−48.

Lutz S, Lutz M B. Pre-emption, Predation, and Minimum Quality Standards [J]. *International Economic Journal*, 2010, 24 (1), pp. 111−123.

Massimo M, Jacques F T. Minimum Quality Standards as an

Environmental Policy: Domesticand International Effects [M]. Fondazione Eni Enrico Mattei, 1993.

Michael K. Minimum Quality Standards and Market Dominance in Vertically Differentiated Duopoly [J]. *International Journal of Industrial Organization*, 2006, 25, pp, 275-290.

Min C, Konstantinos S. Minimum Quality Standard Regulation under Imperfect Quality Observability [J]. *Journal of Regulatory Economics*, 2012, 41 (2), pp. 269-291.

Morris C E. HACCP Update [J]. *Food Engineering*, 1997, 69 (7/8), pp. 51-56.

Morall J F. III, 1997. An Assessment of the US Regulatory Impact Analysis Program. In Regulatory Impact Analysis: Best Practices in OECD Countries. Organization for Economic Cooperation and Development, Paris.

Naoto J, Tsuyoshi T. Minimum Quality Standards under Asymmetric Duopoly with Endogenous Quality Ordering: A Note [J]. *Journal of Regulatory Economics*, 2004, 26 (2), pp. 189-199.

Neven D. Two Stage (Perfect) Equilibrium in Hotelling's Model [J]. *Journal of Industrial Economics*, 1985, 33 (3), pp. 317-325.

Peters R E. The Broader Application of HACCP Concepts to Food Quality in Australia [J]. *Food Australia*, 1997, 49 (6), pp. 270-274.

Peltzman S. Toward a More General Theory of Regulation [J].

Journal of Lawand Economics, 1976（19）　pp. 211—240.

Pierson M D, Corlett D A, Jr. HACCP: Principles and Applications [M]. Van Nostrand Reinhold, New York, 1992.

Polinsky A M, Rubinfeld D L. Aligning the Interests of Lawyers and Clients [J]. *American Law & Economics Review*, 2003（5）.

Kelemen R D. Globalizing European Union Environmental Policy [M]. *Journal of European Public Policy*, 2010, 17（3）, pp. 338.

Roberts T, Unnevehr L. New Approaches to Regulating Food Safety [J]. *Food Review*. USDA, Economic Research Service. 17（5—8 1994）, pp. 2—8.

Robert W H. Policy Watch Government Analysis of the Benefits and Costs of Regulation [J]. *The Journal of Economic Perspectives*, 1998, 12（4）, pp. 201—210.

Robert W, John A H. The Costs and Benefits of Regulation: Review and Synthesis [J]. *Yale Joumnal on Regulation*, 1991, 8（1）, pp. 233—278.

Steinz R. The Precautionary Principle in Food Law [J]. *European Food Law Review*, 1998（4）, pp. 413—432.

Shaked A, Sutton J. Relaxing Price Competition through Product Differentiation [J]. *Review of Economic Studies*, 1982（49）, pp. 3—14.

Smith V K. Environmental Policy under Reagan's Executive Order: The Role of Benefit - cost Analysis [M]. University of North Carolina Press, Chapel Hill, 1984.

Marette, S. Minimum Safety Standard, Consumers' Information and Competition [J]. *Journal of Regulatory Economics*, 2007 (32), pp. 259−285.

Stefan N, Gunnar O. A Dynamic Perspective on Minimum Quality Standards under Cournot Competition [J]. *Journal of Regulatory Economics*, 2011, 39 (1), pp. 29−49.

Stigler J. The Theory of Economic Regulation [J]. *Bell Journal of Economicsand Management Science*, 1971 (2), pp. 3−21.

Tobias B. Standard Bearer: How the European Union Exports Its Laws [J]. *Financial Times*, 2007, 7 (10).

Tommaso V. Minimum Quality Standards under Cournot Competition [J]. *Journal of Regulatory Economics*, 2000, 18 (3), pp. 235−245.

Uri R. Minimum Quality Standards, Fixed Costs, and Competition [J]. *The RAND Journal of Economics*, 1991, 22 (4), pp. 490−504.

Veerle H. Globalizing Regulation: Reaching Beyond the Borders of Chemical Safety [J]. *Journal of Law and Society*, 2009, 36 (1), pp. 116.

Traill W B, Ariane K. Economic Assessment of Food Safety Standards: Costs and Benefits of Alternative Approaches [J]. *Food Control*, 2010 (21), pp. 1611−1619.

WTO. Report of the Appellate Body: EC Measures Concerning Meat and Meat Products (Hormones) [R], 1998.

Zhigang W，Yanna M，Fred G. Chinese Consumer Demand for Food Safety Attributes in Milk Products ［J］. *Food Policy* ，2008（33），pp. 27－36.

后　记

在攻读博士学位期间，笔者的专业领域是产业组织理论，主要研究方向就是产品差异化及企业定价策略。那时候，食品质量问题引起了笔者的关注，使笔者不禁思考自己的研究方向如何可以为食品质量标准的制定与监管提供些许参考，所以多年来也一直在这个方向上做一些自己的研究和探索。

当前我国经济正由高速增长阶段转向高质量发展阶段，进一步建设与完善食品行业的质量标准体系更是推动行业高质量发展和满足人民群众对美好生活向往的重要举措。从本书的理论分析中可以看到，食品质量标准体系可以发挥更多积极的社会效应：保障人民群众的食品安全是其首要保障的基本功能，与此同时，一个优化设计的质量标准体系还可以起到提高产品性价比、提升人民群众经济生活质量和社会整体经济福利的积极效果。

当前全社会对于食品行业质量标准的制度性建设在实践中踏实推进，理论建设工作也需要进一步跟上实践的需求，为政策实践积极提供参考和建议。经济学与各学科都要积极从多个角度对食品质量标准体系的建设展开分析探讨，尝试在复杂的食品生产链条中找到最有效的发力点，实现保障人民群众健康安全、提高人民生活水平和行业高质量发展的有机结合。

　　本书关于一些重要的问题还未来得及探讨，比如质量标准对市场进入的影响这一问题的研究。这也是涉及市场效率和国民福利的一个重大问题，可以作为未来后续研究的一个主题。相信未来我们国家食品行业的制度建设将更加完善，能更好地满足人民群众日益增长的美好生活需要。而这一切，还需要我们理论研究者继续努力，担起责任，积极贡献自己的力量。

　　围绕食品安全标准这一大课题的思考让笔者受益颇多，帮助笔者对市场运行和政策制定有了更加深入的认识。很有幸能结合所学经济理论对该问题进行一点小小的探讨，若本书的研究能为相关问题的讨论提供些许参考，则是非常有意义的幸事。在此，也再次感谢本人的工作单位西南石油大学所提供的资助，使笔者能够顺利完成该书的撰写和出版。